"以水定产"
理论与实践探索

张瑞美　王亚杰
陈　献　乔根平　著

长江出版社
CHANGJIANG PRESS

图书在版编目（CIP）数据

"以水定产"理论与实践探索 / 张瑞美等著.
-- 武汉：长江出版社，2024.4
ISBN 978-7-5492-9421-3

Ⅰ.①以… Ⅱ.①张… Ⅲ.①水资源－资源经济学－
研究－中国 Ⅳ.① F426.9

中国国家版本馆 CIP 数据核字 (2024) 第 075368 号

"以水定产"理论与实践探索
"YISHUIDINGCHAN" LILUNYUSHIJIANTANSUO

张瑞美等 著

责任编辑： 商厚荣
装帧设计： 王聪
出版发行： 长江出版社
地　　址： 武汉市江岸区解放大道 1863 号
邮　　编： 430010
网　　址： https://www.cjpress.cn
电　　话： 027-82926557（总编室）
　　　　　　 027-82926806（市场营销部）
经　　销： 各地新华书店
印　　刷： 武汉邮科印务有限公司
规　　格： 787mm×1092mm
开　　本： 16
印　　张： 9.75
字　　数： 202 千字
版　　次： 2024 年 4 月第 1 版
印　　次： 2024 年 6 月第 1 次
书　　号： ISBN 978-7-5492-9421-3
定　　价： 58.00 元

前 言
PREFACE

2014年3月14日,习近平总书记就保障国家水安全问题发表了重要讲话,提出"节水优先、空间均衡、系统治理、两手发力"的治水思路,强调城市建设要落实以水定城、以水定地、以水定人、以水定产的要求。2018年4月,习近平总书记在深入推动长江经济带发展座谈会上的讲话中指出:要坚持在发展中保护、在保护中发展,实现经济社会发展与人口、资源、环境相协调,使绿水青山产生巨大的生态效益、社会效益、经济效益;以空间规划统领水资源利用、水污染防治、岸线使用、航运发展等方面空间利用任务,促进经济社会发展格局、城镇空间布局、产业结构调整与资源环境承载能力相适应。2019年9月,习近平总书记在黄河流域生态保护和高质量发展座谈会上的讲话中重申:要"有多少汤泡多少馍",坚持以水定城、以水定地、以水定人、以水定产,把水资源作为最大的刚性约束,合理规划人口、城市和产业发展,坚决抑制不合理用水需求。

2020年11月,水利部印发了《关于进一步加强水资源论证工作的意见》,将以水而定、量水而行作为基本原则之一,强调把水资源作为区域发展、相关规划制定和项目建设布局的刚性约束,将经济活动严格限定在水资源承载能力范围之内。2021年10月,习近平总书记在深入推动黄河流域生态保护和高质量发展座谈会上强调:要全方位贯彻"四水四定"原则,坚决落实以水定城、以水定地、以水定人、以水定产,走好水安全有效保障、水资源高效利用、水生态明显改善的集约节约发展之路;要精打细算用好水资源,从严从细管好水资源。2022年10月,习近平总书记在党的二十大报告中提出了新时代新征程党的使命任务,强调要推动区域协调发展、推进绿色发展和美丽中国建设,对坚持生态优先、节约集约、绿色低碳发展,实施重要生态系统保护和修复重大工程等作出了重要部署。

面对水安全的严峻形势,发展经济,推动工业化、城镇化,包括推进农业现代化,都必须树立人口资源环境相均衡、社会生态经济效益相统一的原则,整体谋划国土空间开发,统筹人口分布、经济布局、国土利用、生态环境保护,科学布局生产空间、生活空间、生态空间。要加强需求管理,把水资源、水生态、水环境承载力作为刚性约束,坚持因水制宜、量水而行,加快建立水资源刚性约束制度,严守水资源开发利用上限,在"严"上下功夫、在"细"上做文章,走好水安全有效保障、水资源高效利用、水生态明显改善的集约节约发展之路。

本书以作者多年来的课题跟踪研究为支撑,围绕"四水四定"中的"以水定产",针对西北、华北、南方等不同片区分区域开展了典型调研,在总结典型地区落实"以水定产"方面的经验做法、分析存在问题的基础上,结合地区水资源本底条件、区域发展战略、产业布局与经济社会发展等,研究提出了落实"以水定产"的措施及相关建议。

本书撰写过程中,得到了长江水利委员会,黄河水利委员会,海河水利委员会,北京、天津、河北、山西、内蒙古自治区、上海、江苏、浙江、河南、湖北、广东、陕西、甘肃、青海、宁夏、新疆等省(自治区、直辖市)水利(水务)厅(局)等相关单位和地方发改、财政、农业农村、工业和信息化、生态环境、自然资源等相关部门的大力支持和帮助,以及有关专家学者的指导。郭利君、董森、周延、李佳璐、尤庆国、赵屾等参加了课题研究和本书的编写工作,他们为本书的出版作出了重要贡献。在此一并表示衷心的感谢! 由于作者水平所限,本书尚存不足之处,敬请广大读者批评指正。

编　者

2023 年 12 月

目 录
CONTENTS

第一章　"以水定产"的概念与影响因素

第一节　"以水定产"概念的提出

一、"以水而定"理念

生命的起点,文明的诞生,自古以来都是依靠奔流不息的河流。逐水而居、傍水而生,一直是人类生存发展的自然法则。兴水利、除水害,事关经济发展、社会进步,历来是兴国安邦的大事。人类的治水历程大致可以分为四个阶段:一是人们对水的自然状态无力改变而不得不听命河流;二是人们有能力一定程度地抵御洪水的威胁,也有条件通过兴建灌溉和航运工程等方式利用河流;三是随生产力和科技水平的提高,人们改造河流为自己服务,但也对河流健康造成巨大伤害;四是当主要依靠工程技术等措施治水出现困境时,人们重新认识到人类与河流要和谐发展。

从 20 世纪八十年代起,国内一些专家学者基于国情和水情,关注水与经济社会可持续发展的关系,就提出要量水而行,并陆续开展了相关理论与实践层面的探讨。与之相关的概念有以水定需、以水定发展、因水制宜等。21 世纪初,在人水和谐思想指导下,时任水利部部长汪恕诚明确指出要调整思路,根据地区水资源状况筹划未来经济社会发展布局,以水定发展,这一时期强调经济社会发展中要将水作为重要的考虑因素。进入新时代,我国综合国力显著增强,人民生活水平不断提高,社会主要矛盾发生了历史性的根本变化。我国治水的主要矛盾也从人民群众对除水害兴水利的需求与水利工程能力不足之间的矛盾,转化为人民群众对水资源水生态水环境的需求与水利行业监管能力不足之间的矛盾。与之相对应的是"四个不平衡"和"四个不充分"的问题也日益凸显。这既有自然条件、资源禀赋、发展阶段制约等方面的客观原因,更重要的是长期以来认识水平、观念偏差和行为错误等方面的主观原因。水利监管失之于宽松软,用水浪费、过度开发、超标排放等错误乃至违法行为未被及时叫停、禁止。要扭转这一被动局面,需要

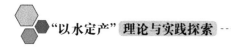

全面加强水利行业监管,使水资源、水生态、水环境真正成为经济社会发展的刚性约束。

二、相关理论探讨

近年来,不少专家学者围绕"以水而定、量水而行"等进行了一系列理论探讨。关于"以水定产"的内涵和重要意义,中国水科院水资源所所长王建华(2015 年)表示,将水资源可利用量、水环境容量作为今后国家产业发展、城市发展的刚性约束,并通过用水总量、用水效率和入河排污总量三条红线进行控制,推动我国经济社会发展方式的战略转型,这对于重塑我国人水和谐平衡关系,建立清洁集约生产、绿色适度消费的现代社会文明形态,具有十分重要的战略和现实意义。中国科学院兰州文献情报中心政策研究人员(2015 年)分析认为,我国能源需求将在长时间内保持增长态势,并保持总体依赖传统能源、不断拓展新型能源的动态格局,而我国水资源却严重匮乏,不利于能源生产发展。应将区域水资源承载力作为能源项目布局的重要前提,在传统能源开采炼化、新能源产业规划中,需首先考虑能源产业的动态变化和水资源的持续供应能力。山东省水利厅副厅长曹金萍(2016 年)认为,"以水定城,以水定产"中的"水"字,至少有三个含义:第一是指城市水资源的禀赋条件,也就是可利用的水资源的总量;第二是指具备完整的水生态系统;第三是指具备宜居、宜业的水环境的质量。北京市发展改革委主任谈绪祥(2018 年)指出,北京提出的以水定城、以水定地、以水定人、以水定产,将在统一的规划当中,视水资源、水生态、水环境的承载能力来确定空间布局,实现城市良性运行和可持续发展。

围绕两手发力强化水资源管理,水利部发展研究中心吴强、李森等(2019 年)研究认为,习近平总书记提出的空间均衡,其内涵更加突出强调资源环境承载能力的刚性约束作用。因此,在流域综合治理中,坚持以水定城、以水定地、以水定人、以水定产的原则,将流域水资源承载能力作为流域可持续发展的外部边界条件,在流域和区域发展对水资源需求不断提高的情况下,处理好开源与节流的关系,特别是缺水地区相关规划中,突出水资源刚性约束,充分挖掘节水潜力,通过工程措施与非工程措施有效手段的综合运用,实现流域内供需水的基本平衡,促进经济社会发展布局与水资源条件相匹配。水利部发展研究中心王建平等(2019 年)研究认为,贯彻落实"两手发力"的总体思路是基于水资源作为公共产品和一般资源的特点,坚持政府主导,科学履行政府宏观调控、市场监管、公共服务、社会管理和保护环境的水治理职能,积极发挥市场作用,不断提高水权、水价、水市场、投融资等市场机制配置水资源的效率和效益,形成有为政府和有效市场协同发力的水治理局面。要加强水行政管理,更好发挥政府作用,完善市场机制,充分发挥好市场配置资源的作用。水利部水土保持监测中心刘宪春(2018 年)提出,市场对于水资源的配置作用,主要表现在用水和供水两个方面,在这两个方面应该由市场精准发力。在用水方面,水价和水权的交易是两个最重要的抓手。对于水价来说,可以通过阶梯水价、异质异价、异途异价等不同方式向用户不同程度地传递用水压力,从而调动用户的节水积极性,进而转变生活和生产方式。对于水权来说,可以鼓励企业和团体通过技术进步、产业结构调整节约的水进入交易市场,按照市场决定的价格进行自由交易。在供水方面,应该进一步开放市场,适度增加竞争,特别是吸引民间资本参与到各项水利建设中。清华大学国情研究中心王亚华(2014年)研究认为,"两手发力"是强化水治理、保障水安全的基本途径,核心是正确处理水治理中政府与市场的关系。政府要发挥基础性作用,通过履行宏观调控、市场监管和公共服务等职能来保障水安全。同时,要不断扩大市场在水资源配置和水务管理中的作用,通过提高效率和吸纳社会参与改进水治理。水治理中政府与市场的关系不是相互割裂、相互对立、相互排斥的,而是相互结合、相互补充、相互促进的。当前,理顺水治理中政府与市场关系的关键是积极完善政府职能,加快转变政府职能。

围绕建立水资源刚性约束、经济社会发展布局与水资源承载力等方面,水利部发展研究中心严婷婷、刘定湘等(2020年)研究认为,黄河流域"以水而定,量水而行",需把水资源作为最大的刚性约束,优化调整水资源配置,合理分水。在供给侧,科学测算天然径流量,严格控制流域外引黄水量,压减地下水开采量,加大再生水、海水等非常规水源利用量,考量南水北调西线工程调水量;在需求侧,考虑区域发展定位,权衡人口、生产总值、耕地、生态等方面的用水需求以及用水效率提高、产业结构调整的节水效应,在分水方案中向用水效率和效益较高的地区适度倾斜。把水资源要素作为经济社会发展的"天花板",合理扩大经济规模,优化城市发展格局,推进乡村振兴,不断实现人民群众对幸福美好生活的追求。徐志伟等(2016年)[1]在对水资源优化的相关概念进行界定和相关理论进行梳理的基础上,对京津冀地区产业结构和水资源利用现状进行了深入探析,并借此运用灰色关联方法对京津冀地区三次产业发展与水资源耗用量之间的相关关系进行了实证研究,建立了由经济发展、资源节约和环境保护三重目标组成的多目标决策模型。杨舒媛等(2016年)[2]认为"以水四定"的基本前提是明确水资源保护及可供水资源量的约束条件,目标是为确定人口、建设用地和经济发展规模及城市发展布局引导方向。谷树忠等(2021年)[3]系统阐述了"四水四定"的推进策略,并针对性地提出了优化强化"四水四定"的政策工具。陈岩等(2022年)[4]分析了黄河流域"四水四定"和高质量发展的辩证关系,从落实生态环境分区管控、推进产业绿色发展、推进降污降碳等方面提出了黄河流域落实"四水四定"、推动高质量发展的实现路径。陈学群等(2022年)[5]立足山东省基本水情,对标"四水四定"的发展定位,提出生态保障底线、资源总量上限和

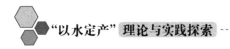

用水效率下限的刚性约束目标。刘海娇等（2022年）[6]构建了县域尺度的"四水四定"协调性评价指标体系与模型,开展多个水平年的评价分析,将评价结果应用于区域规划决策和水资源配置管控环节,形成落实"四水四定"政策的可行路径。乔钰等（2022年）[7]以黄河流域河南省区段为例,提出建立水资源刚性约束制度指标体系、执行体系、监测体系和考核体系的制度框架。程蕾等（2023年）[8]辨析了"以水定产"与"水管理"的关系,认为"以水定产"是"社会—经济—自然"构成的复合系统之间"时、空、量、构、序"五个维度的交互作用。王浩等（2023年）[9]认为"四水四定"的科学内涵可以概括为"4—4—1":实现主体的"四大约束"（"汤"）、客体的"四位融合"（"馍"）,通过"均衡协同"实现主客体的协同制衡,破解"汤"和"馍"之间的矛盾。褚俊英等（2023）[10]提出了水资源保护利用"四水四定"创新管理"5＋1"模式,其中"5"为五大核心体系,具体包括建立精准严格的管控指标、权威统一的监测系统、明确有力的管理体制、科学规范的管理制度以及协同高效的管理机制;"1"为一个平台,即建立水资源保护利用"四水四定"智慧水务管控平台。刘章君等[11]从"用多少水来定"和"怎么定"两个方面对南方丰水地区如何全面落实"四水四定"进行了探讨,并预测了区域未来经济社会发展规划规模弹性空间。

总体说来,在关于"以水而定"的学术探讨中形成了一系列研究成果,这些为后续政策研究与制定奠定了良好的理论基础。

三、"四水四定"的概念

2014年2月,习近平总书记在视察北京工作时,就北京的水资源规划与保护、用水安全、污染治理、节约用水和京津冀协同发展中的水资源问题作出了一系列重要论述,明确提出,要强化水资源环境刚性约束,坚持以水定需、量水而行、因水制宜,坚持"以水定城、以水定地、以水定人、以水定产",全面落实最严格水资源管理制度,不断强化用水需求和用水过程治理,使水资源、水生态、水环境承载能力切实成为经济社会发展的刚性约束。这是第一次提出"四水四定"的概念。

2014年3月14日,习近平总书记就保障国家水安全问题发表了重要讲话,提出"节水优先、空间均衡、系统治理、两手发力"的治水思路,再次强调城市发展要落实"四水四定"的要求。2015年10月,中共中央第五次全体会议审议通过的《中共中央关于制定国民经济和社会发展第十三个五年规划的建议》中强调,实行最严格的水资源管理制度,将"以水定产、以水定城,建设节水型社会"写入规划内容。2019年9月,习近平总书记在黄河流域生态保护和高质量发展座谈会上的讲话中重申要"有多少汤泡多少馍",坚持"四水四定",把水资源作为最大的刚性约束,合理规划人口、城市和产业发展,坚决抑制不合理用水需求,大力发展节水产业和技术,大力推进农业节水,实施全社会节水行动,推动用水方式由粗放向节约集约转变。

习近平总书记提出"四水四定"跟之前的概念既有联系又有区别。联系是这些概念都关注水与经济社会发展的关系,区别在于之前的诸多概念只是在经济社会发展中把水作为一个重要考虑因素,但并未把水资源作为最大的刚性约束落实到经济社会发展的方方面面,水资源的稀缺性、有限性和强约束性未得以充分体现。正是基于我国的基本国情水情,党中央首次将"四水四定"要求上升为国家战略的重要抓手,这一阶段,强调要把水资源作为最大的刚性约束,成为新时期"节水优先、空间均衡、系统治理、两手发力"治水思路的重要组成部分。

落实"四水四定"就是要以水而定、量水而行,把水资源作为刚性约束落实到经济社会发展的各个方面、各个环节,根据水资源承载能力,合理规划城市经济社会发展结构、人口规模、土地利用和产业发展布局(见图1-1)。

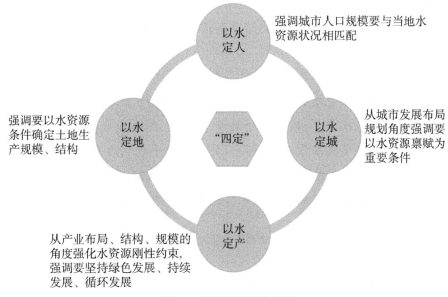

图1-1 "四水四定"内涵图

四、"以水定产"的内涵

(一)"以水定产"中"水"的含义

本研究认为,"以水定产"中的"水",应理解为"水资源承载能力"。承载能力不仅包括水资源"量"的含义,还应包括"质、域、流(水流动力)"的含义。

水资源承载能力（Carrying Capacity of Water Resources，CCWR）的概念，最早源自《生态学》中的"承载能力"（Carrying Capacity）一词，是自然资源承载能力的一部分。我国不少学者对水资源承载能力的概念及计算方法进行了深入探讨。

施雅风等认为水资源承载能力是指某一地区的水资源，在一定社会历史和科学技术发展阶段，在不破坏社会和生态系统时，最大可承载（容纳）的农业、工业、城市规模和人口的能力，是一个随着社会、经济、科学技术发展而变化的综合目标。

何希吾认为水资源承载能力是一个流域、一个地区、一个国家，在不同阶段的社会经济和技术条件下，在水资源合理开发利用的前提下，当地水资源能够维系和支撑的人口、经济和环境规模总量。

冯尚友认为水资源承载能力是一定的区域内，在一定的生活水平和生态环境质量下，天然水资源的可供水量能够支持人口、环境与经济协调发展的能力或限度。

汪恕诚认为水资源承载能力指的是在一定流域或区域内，其自身的水资源能够持续支撑经济社会发展规模，并维系良好的生态系统的能力。

根据国家发展改革委、国家海洋局等 13 部委 2016 年联合印发的《资源环境承载能力监测预警技术方法（试行）》，资源环境承载能力是指在自然生态环境不受危害并维系良好生态系统的前提下，一定地域空间可以承载的最大资源开发强度与环境污染物排放量以及可以提供的生态系统服务能力。

水资源承载能力释义

（二）"以水定产"中"定"和"产"的含义

"以水定产"是对水资源与经济社会发展关系的认识与实践的总结、提升。"以水定产"中的"定"，是"确定"；而"确定"中"定"的意思是"使不变动"，体现出来刚性的约束作用。"以水定产"中"产"，既包括产业在空间上的布局，又涵盖结构与规模。在生产力发展的不同时期，产生了不同的产业部门，这些产业部门按照一定的数量和比例关系有机组合在一起，形成了区域产业结构，亦称国民经济的部门结构，即农业、工业和服务业在经济结构中所占的比重。产业发展了，产业布局也随之发生变化。产业布局在静态上看是指形成产业的各部门、各要素、各链环在空间上的分布态势和地域上的组合；在动态上，则表现为各种资源、各生产要素乃至各产业和各企业为选择最佳区位而形成的在空间地域上的流动、转移或重新组合的配置与再配置过程。产业结构和产业布局随着地区的经济社会发展而不断发展、调整、演变。某类产业的产出规模或经营规模即为产业规模。产业规模是一个绝对的量,可用生产总值或产出量表示。合适的产业规模是国家和政府在制定产业政策时,需要考虑的一个重要方面。

(三)"以水定产"的含义

综合以上"水""定""产"的含义,"以水定产",即以区域水资源承载能力为刚性约束条件来确定产业布局、产业结构与产业规模,统筹考虑水资源、水生态、水环境本底条件与区域经济社会发展优势条件,以水资源可持续利用支撑经济社会可持续发展(见图1-2)。

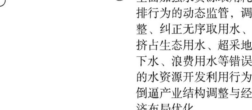

★第一要义:"节水优先",转变思想观念,将节水在水资源管理、规划计划、工程建设等各方面优先体现和统筹考虑

★推进路径:"系统治理",强化对水资源水生态水环境的系统监管,在水资源开发利用配置调度时统筹考虑其他生态要素,促进生态系统各要素和谐共生

★关键抓手:"两手发力",深化体制机制改革创新,加强法制保障,强化科技支撑与能力建设

★根本目标:实现"空间均衡",坚持人口、资源、环境相均衡,做到以水而定、量水而行,以水资源的可持续利用、良好的水生态水环境条件支撑经济社会高质量发展

★核心任务:加强顶层设计与强化规划约束,全面加强水资源取用耗排行为的动态监管,调整、纠正无序取用水、挤占生态用水、超采地下水、浪费用水等错误的水资源开发利用行为,倒逼产业结构调整与经济布局优化

图1-2 "以水定产"内涵释义图

具体来讲,"以水定产"应包括以下几方面的内涵:

(1)落实"以水定产"的第一要义是"节水优先",转变思想观念。具体来说,就是明确节水优先与其他水利工作的关系,优先什么、怎么优先、要达到什么样的目标等,将节水切实摆在优先位置,在水资源管理、规划计划、工程建设等各方面优先体现和统筹考虑。转变单纯注重地区经济发展,一味考虑上项目而忽视经济社会发展与地区水资源环境要素协调,忽视产业发展布局、结构优化调整与水资源承载能力相匹配的传统思想观念。

(2)落实"以水定产"的根本目标是实现"空间均衡",坚持人口、资源、环境相均衡,做到以水而定、量水而行,以水资源的可持续利用、良好的水生态水环境条件支撑经济社会高质量发展。要实行最严格水资源管理制度,强化水资源承载能力监测预警,以地区水资源承载能力为红线,科学进行产业布局。通过优化水资源配置,不断调整用水行为,

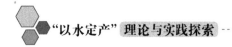

处理好经济社会发展、生态环境保护以及资源刚性约束三者的关系,促进经济社会发展与水资源承载能力相协调,不断满足人民群众对美好生活的向往、对美好生态环境的需求。

(3)落实"以水定产"的推进路径是"系统治理",核心任务是加强顶层设计与强化规划约束,严格控制用水总量,倒逼产业结构调整与经济布局优化。落实"以水定产"要求的过程也是水资源开发、利用、节约、保护、配置、调度的过程,要强化对水资源水生态水环境的系统监管,在水资源开发利用配置调度时统筹考虑其他生态要素,促进生态系统各要素和谐共生。必须从顶层设计层面发挥规划的引导作用,全面加强水资源取用耗排行为的动态监管,纠正无序取用水、挤占生态用水、超采地下水、浪费用水等错误的水资源开发利用行为。倒逼产业结构调整和区域经济布局优化。

(4)落实"以水定产"的关键抓手是"两手发力",深化体制机制改革创新,加强法制保障,强化科技支撑和能力建设。关键是要从创新体制机制上下功夫,加快完善并推进落实国家层面抓总统筹、各有关部门协调配合的管理体制,以及保障"以水定产"各项政策措施有效落实的相关机制建设。要强化政府监管,通过加强考核问责,强化激励约束作用。充分运用市场手段,发挥水价与水资源税费杠杆作用等,推进水资源优化配置。完善规划和建设项目水资源论证等相关配套制度体系,为各项措施有效实施提供制度保障,还要通过科技创新研发推广先进节水、减排的技术设备,运用信息化手段提高计量监测水平等。

第二节　影响因素分析

一、水资源水生态水环境承载能力

根据国家发展改革委、国家海洋局等 13 部委 2016 年联合印发的《资源环境承载能力监测预警技术方法(试行)》,资源环境承载能力是指在自然生态环境不受危害并维系良好生态系统的前提下,一定地域空间可以承载的最大资源开发强度与环境污染物排放量以及可以提供的生态系统服务能力。水资源承载能力是面向水的资源属性的概念,是指在维护水资源可再生性和水生态环境健康友好的前提下,水资源系统所能够承受的最大开发利用规模,主要包括水的量、质、域、流、温等五个维度资源利用的上限。水环境承载能力是水资源承载能力的组成部分,是水资源承载能力在环境容量维度的内涵表征,主要包括水环境纳污容量、水环境热容量等。由于水环境热容量的研究较少,通常所说的水环境容量多指水体自净能力对应的水体纳污能力,这与水体的规模、流态等因素相关。水生态承载能力是指在维持河湖生态系统不退化的前提下,每年能够持续提供的水生态产品数量,是水资源承载能力的后端生态产出。

水资源承载状态主要包括超载、临界超载、不超载。对于承载状态的评价依据主要包括两方面:一是水生态环境系统的完整性及健康状况,包括水体环境质量是否达标、水生生物多样性是否受到影响等;二是水资源可再生性维持状况,如多年平均条件下开采量是否超过补给量,是否存在地下水水位持续下降现象。由于水资源与水生态系统的弹性,超载与否的科学判断有时难以在较短时期内形成,需要通过累计的状态响应来识别。但这种状态响应有时是不可逆的,因此加强水生态系统承载的机理研究十分重要。

一般将水资源的最大可开发规模作为水资源承载力的评价结果,通常有两种表征方式:一是水资源的最大可开发规模,即最多可以用多少水;二是水资源可以支撑的经济社会最大发展规模。前者是从承载主体——水资源系统的角度出发,后者是从承载客体——经济社会系统的角度出发,二者相互关联。"以水定产",要回答在水资源开发规模控制在合理阈值的前提下,承载预期规模的人口和生产总值,究竟选择什么样的路径和采取什么样的措施,才能实现水资源的空间均衡,包括城市布局要如何优化、产业结构要如何调整、用水效率要如何提升、供水设施要如何完善等一系列问题。如果能做到空间均衡,则可以承载;如果不能,则要调整规划目标,这就是"将水资源作为最大约束"的要义所在。

二、节水潜力

节水潜力是指流域或区域内,在一定的社会经济技术条件下可以节约的最大水资源量。落实"以水定产"的第一要义是"节水优先"。要按照"四水四定"的要求,制定区域经济发展与产业规划优先考虑节水因素,量水而行;要将节水作为保障国家和区域水资源安全的优先路径,节水要优先于其他开源措施,特别是优先于外流域调水措施;要将节水工作置于水利工作的优先位置,在资金、政策、人员等方面予以优先保障。

在确定一定地域空间可以承载的最大水资源开发强度时,需要统筹考虑各产业的节水潜力,"以水定产"是在全面落实"节水优先"前提下进行产业调整,因此,一个地区的节水潜力是重要的影响因素。据全国节水办对全国用水效率统计数据,2022年,全国用水效率进一步提升,万元国内生产总值用水量降至49.6m³,万元工业增加值用水量降至37m³,农田灌溉水有效利用系数达0.572。与2021年相比,万元国内生产总值用水量和万元工业增加值用水量分别下降1.6%和10.8%,农田灌溉水有效利用系数增加0.7%。但就各省相关指标排名来看,排名靠前的省份与排名靠后的省份差距较大。究其原因,一方面是受到自然资源条件、经济社会发展水平和经济结构、产业结构的影响;另一方面也反映出地区间的节水工作还存在着较大差距,节水还有很大潜力。

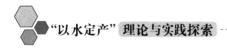

三、水量分配

根据《水量分配暂行办法》，水量分配是对水资源可利用总量或者可分配的水量向行政区域进行逐级分配，确定行政区域生活、生产可消耗的水量份额或者取用水水量份额（以下简称"水量份额"）。水资源可利用总量包括地表水资源可利用量和地下水资源可开采量，扣除两者的重复量。地表水资源可利用量是指在保护生态与环境和水资源可持续利用的前提下，通过经济合理、技术可行的措施，在当地地表水资源中可供河道外消耗利用的最大水量；地下水资源可开采量是指在可预见的时期内，通过经济合理、技术可行的措施，在不引起生态与环境恶化的条件下，以凿井的方式从地下含水层中获取的可持续利用的水量。可分配的水量是指在水资源开发利用程度已经很高或者水资源丰富的流域和行政区域或者水流条件复杂的河网地区以及其他不适合以水资源可利用总量进行水量分配的流域和行政区域，按照方便管理、利于操作和水资源节约与保护、供需协调的原则，统筹考虑生活、生产和生态与环境用水，确定的用于分配的水量。

落实"以水定产"，应充分考虑基于流域与行政区域水资源条件、供用水历史和现状、未来发展的供水能力和用水需求、节水型社会建设的要求，妥善处理上下游、左右岸的用水关系，协调地表水与地下水、河道内与河道外用水，统筹安排生活、生产、生态与环境用水，确定水量分配方案。其中，省（自治区、直辖市）人民政府公布的行业用水定额是本行政区域实施水量分配的重要依据。

四、政策因素

落实"以水定产"还受到流域、区域发展战略、产业政策等政策因素影响。例如，西部大开发战略提出，落实市场导向的绿色技术创新体系建设任务，推动西部地区绿色产业加快发展。《节水型社会建设"十三五"规划》从区域布局角度出发，根据我国不同地区水资源禀赋、水资源和生态环境的压力负荷，未来区域水资源需求、节水潜力以及区域水资源调配和可持续发展对节约用水的要求，按照东北、华北、西北、西南、华中、东南六大区，分区确定节水型社会建设的重点方向和任务。《全国现代灌溉发展规划》提出要按照"以水定灌、有进有退"的原则进行水土资源平衡分析，初步拟定了未来我国灌溉发展规模及空间布局。在协同考虑水土资源承载能力、粮食安全保障、现代农业发展、生态文明建设等因素的基础上，提出了我国现代灌溉发展的总体思路、发展目标、总体布局，以及东北、黄淮海、长江中下游、华南沿海、西南、西北区域布局。这些均为"以水定产"中需要考虑的重要因素。

五、产业发展需水量

各产业发展的需水量，是落实"以水定产"的重要影响因素之一。产业发展刚性用水需求是指满足国家重大发展战略需求、保障重大民生以及重要生态安全等,且用水水平符合用水效率要求的各产业发展用水需求。落实"以水定交",关键是界定好刚性需求、合理需求,以及要予以遏制的不合理需求。

六、水资源管理水平

推进落实"以水定产"的组织管理体制机制是否完善,法规制度体系是否健全,是"以水定产"最终能否落实到位的关键。在行政层面,通过地方党委政府牵头抓落实,各相关部门协同参与,加强取用水监管,控制总量、盘活存量,在合理分水基础上,管住用水,强化规划管控与政策引导,加强监督考核与责任追究等措施,推进"以水定产"各项工作落到实处。

第三节 推进落实"以水定产"面临的新形势

一、保障国家水安全提出的新要求

党的十八大以来,习近平总书记多次就治水发表重要讲话、作出重要指示,深刻指出随着我国经济社会的不断发展,水安全中的老问题仍有待解决,新问题越来越突出、越来越紧迫,明确提出了"节水优先、空间均衡、系统治理、两手发力"的治水思路。这是习近平总书记深刻洞察我国国情水情、针对我国水安全严峻形势提出的治本之策,是习近平新时代中国特色社会主义思想在治水领域的集中体现,是新时代治水思路的精辟论断。当前我国新老水问题复杂交织。过去治水的主要任务是除水害、兴水利,与大自然作斗争,主要是依靠工程手段、科技手段来改变自然、征服自然。然而,我国自然地理和气候特征决定了水旱灾害将长期存在,并伴有突发性、反常性、不确定性等特点。水利工程体系仍存在一些突出问题和薄弱环节。此外,由于人们长期以来对经济规律、自然规律、生态规律认识不够,发展中没有充分考虑水资源承载能力,造成水资源短缺、水生态损害、水环境污染的问题不断累积、日益突出,已经成为新的常态问题。比如有的缺水地区用水浪费现象严重;有的地区无序开发水资源,侵占水域岸线,导致河道断流、湖泊萎缩、河湖生态功能明显下降;有的地区长期超采地下水,带来严重的生态问题和安全隐患。水资源水生态水环境方面的问题,主要是由人类活动造成的。要解决这些问题,必须调整用水行为、纠正错误的用水行为,必须坚持"水利工程补短板、水利行业强监管"的水利改革发展总基调,促进人与自然和谐发展。

保障国家水安全,结合我国的基本国情水情,顺应自然,系统治理,两手发力,加快解决新老水问题,解决不平衡、不充分的问题,坚持以水定产,根据可开发利用的水资源量,合理确定产业布局、结构和规模。既要从国家区域发展的大战略出发,按照"确有需要、生态安全、可以持续"的原则,加强水资源的优化配置和科学调度,满足经济社会发展的合理需求;更要加强对水资源开发利用的严格监管,发挥水资源的刚性约束作用,抑制不合理用水需求,倒逼产业发展规模、发展结构、发展布局优化,确保经济社会发展不超出水资源水生态水环境的承载能力。

二、实现国家经济社会高质量发展提出的新要求

习近平总书记多次强调,必须坚定不移深化改革开放、深入转变发展方式,加快形成可持续的高质量发展体制机制。水资源在转变经济发展方式中具有先导性、约束性作用。近年来我国用水效率得到明显提升。2022年,全国人均综合用水量为425m³,万元国内生产总值(当年价)用水量为49.6m³。耕地实际灌溉亩均用水量为364m³,农田灌溉水有效利用系数为0.572,万元工业增加值(当年价)用水量为24.1m³,人均生活用水量为176L/d(其中人均城乡居民生活用水量为125L/d),但水资源短缺和粗放用水并存的现象依然存在,用水效率与世界先进水平相比还有差距。

长期以来的粗放式经济增长方式,带来了严重的资源环境问题,必须坚决调整产业结构,淘汰落后产能。实现国家经济社会的永续发展,要求切实缓解水资源水环境约束趋紧矛盾。这就要求我们坚持"四水四定",将水资源承载能力作为区域发展、城市规模和产业布局的重要条件,促进经济社会发展与水资源承载能力相协调。进一步强化水资源刚性约束作用,优化用水结构,提高用水效率,抑制不合理用水需求,淘汰高耗水落后产能,以用水方式转变倒逼产业结构调整和区域经济布局优化,推动经济转型升级,实现从规模速度型粗放增长转向质量效率型集约增长,以水资源可持续利用保障经济社会可持续发展。

三、深化生态文明体制改革提出的新要求

党的二十大报告里明确指出,加快发展方式绿色转型。推动经济社会发展绿色化、低碳化是实现高质量发展的关键环节,要加快推动产业结构的调整优化。改革开放40年来,我国经济社会发展取得了举世瞩目的成就,但不容忽视的是,积累的生态环境问题比较突出,经济发展和生态环境不协调已经成为可持续发展的一大瓶颈。从水资源方面看,水资源的空间分布与土地、人口和生产力布局错位。部分地区经济结构、产业布局与水资源承载能力不协调,用水结构不合理,水资源利用效率和效益不高。华北地区水资源十分紧缺,经济社会发展长期依靠超采地下水,地下水超采面积达12万km²。西北地区干旱少雨,水资源过度开发,生态用水被严重挤占,水资源供需矛盾尖锐,部分地区生态环境严重退化。西南地区工程性缺水问题突出,人均供水能力仅为全国平均水

平的 2/3。东部发达地区和南方水网地区水污染严重,水质性缺水问题十分普遍。

为此,需要把人与自然和谐共生融入水资源开发、利用、管理、配置、节约、保护的各方面和水利规划、建设、管理的各环节,坚持生产生活生态统筹、水域水量水质并重、预防保护治理齐抓,努力实现河湖不萎缩,功能不衰减,生态不恶化。需要深入落实最严格水资源管理制度,强化"三条红线"刚性约束,推进水资源消耗总量和强度双控行动,"以水定产",量水而行,逐步强化水资源的约束性、控制性和先导性作用,利用水资源节约保护"倒逼机制"推进经济结构调整和发展方式转变,推进形成人水和谐的发展方式和生活方式。

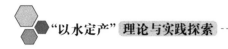

第二章 落实"以水定产"的相关要求

第一节 相关法律法规

《中华人民共和国水法》第二十三条规定:国民经济和社会发展规划以及城市总体规划的编制、重大建设项目的布局,应当与当地水资源条件和防洪要求相适应,并进行科学论证;在水资源不足的地区,应当对城市规模和建设耗水量大的工业、农业和服务业项目加以限制。第四十七条规定:国家对用水实行总量控制和定额管理相结合的制度。省、自治区、直辖市人民政府有关行业主管部门应当制订本行政区域内行业用水定额,报同级水行政主管部门和质量监督检验行政主管部门审核同意后,由省、自治区、直辖市人民政府公布,并报国务院水行政主管部门和国务院质量监督检验行政主管部门备案。县级以上地方人民政府发展计划主管部门会同同级水行政主管部门,根据用水定额、经济技术条件以及水量分配方案确定的可供本行政区域使用的水量,制定年度用水计划,对本行政区域内的年度用水实行总量控制。

《中华人民共和国长江保护法》第二十一条规定:长江流域水质超标的水功能区,应当实施更严格的污染物排放总量削减要求。第二十二条规定:长江流域产业结构和布局应当与长江流域生态系统和资源环境承载能力相适应。禁止在长江流域重点生态功能区布局对生态系统有严重影响的产业。禁止重污染企业和项目向长江中上游转移。第二十六条规定:禁止在长江干支流岸线一公里范围内新建、扩建化工园区和化工项目。第六十四条规定:国务院有关部门和长江流域地方各级人民政府应当按照长江流域发展规划、国土空间规划的要求,调整产业结构,优化产业布局,推进长江流域绿色发展。第六十六条规定:长江流域县级以上地方人民政府应当推动钢铁、石油、化工、有色金属、建材、船舶等产业升级改造,提升技术装备水平;推动造纸、制革、电镀、印染、有色金属、农药、氮肥、焦化、原料药制造等企业实施清洁化改造。企业应当通过技术创新减少资源消耗和污染物排放。长江流域县级以上地方人民政府应当采取措施加快重点地区危险化学品生产企业搬迁改造。

《中华人民共和国黄河保护法》第八条规定:国家在黄河流域实行水资源刚性约束制度,坚持以水定城、以水定地、以水定人、以水定产,优化国土空间开发保护格局,促进人口和城市科学合理布局,构建与水资源承载能力相适应的现代产业体系。黄河流域县级以上地方人民政府按照国家有关规定,在本行政区域组织实施水资源刚性约束制度。第九条规定:国家在黄河流域强化农业节水增效、工业节水减排和城镇节水降损措施,鼓励、推广使用先进节水技术,加快形成节水型生产、生活方式,有效实现水资源节约集约利用,推进节水型社会建设。第二十四条规定:国民经济和社会发展规划、国土空间总体规划的编制以及重大产业政策的制定,应当与黄河流域水资源条件和防洪要求相适应,并进行科学论证。黄河流域工业、农业、畜牧业、林草业、能源、交通运输、旅游、自然资源开发等专项规划和开发区、新区规划等,涉及水资源开发利用的,应当进行规划水资源论证。未经论证或者经论证不符合水资源强制性约束控制指标的,规划审批机关不得批准该规划。第三十五条规定:禁止在黄河流域水土流失严重、生态脆弱区域开展可能造成水土流失的生产建设活动。确因国家发展战略和国计民生需要建设的,应当进行科学论证,并依法办理审批手续。生产建设单位应当依法编制并严格执行经批准的水土保持方案。从事生产建设活动造成水土流失的,应当按照国家规定的水土流失防治相关标准进行治理。第五十四条规定:国家在黄河流域实行高耗水产业准入负面清单和淘汰类高耗水产业目录制度。列入高耗水产业准入负面清单和淘汰类高耗水产业目录的建设项目,取水申请不予批准。高耗水产业准入负面清单和淘汰类高耗水产业目录由国务院发展改革部门会同国务院水行政主管部门制定并发布。第八十六条规定:黄河流域产业结构和布局应当与黄河流域生态系统和资源环境承载能力相适应。严格限制在黄河流域布局高耗水、高污染或者高耗能项目。

第二节 规范性文件

2019 年,国家发展改革委、水利部联合印发《国家节水行动方案》,将总量强度双控作为重点行动之一,明确要严格用水全过程管理,严控水资源开发利用强度,完善规划和建设项目水资源论证制度,以水定城、以水定产,合理确定经济布局、结构和规模。明确规定农业方面,优化调整作物种植结构;工业方面,严格落实主体功能区规划,推进高耗水企业向水资源条件允许的工业园区集中;服务业方面,严控高耗水服务业用水。

2020 年 11 月,水利部印发了《关于进一步加强水资源论证工作的意见》,将以水而定、量水而行作为基本原则之一,强调把水资源作为区域发展、相关规划制定和项目建设布局的刚性约束,将经济活动严格限定在水资源承载能力范围之内。重点从规划水资源论证、建设项目水资源论证、水资源论证区域评估三个方面作出了部署要求。一是强化规划水资源论证。进一步明确了适用范围、论证重点和管理要求。明确要求，国民经济和社会发展相关工业、农业、能源等需要进行水资源配置的专项规划、城市总体规划、重大产业布局和各类开发区(新区)规划，以及涉及大规模用水或者实施后对水资源水生态造成重大影响的其他规划，在规划编制过程中应当进行水资源论证。开展规划水资源论证，应以河湖生态流量保障目标、江河流域水量分配指标、地下水取用水总量和水位管控指标、用水总量和效率控制指标、用水定额标准等作为约束条件，对规划需水合理性、规模及其水资源配置方案的可行性和可靠性等进行分析评估，提出论证意见。二是严格建设项目水资源论证。进一步突出论证重点，严格技术审查，简化论证形式。明确要求把水资源管控指标作为刚性约束，对建设项目取用水与生态流量保障目标、江河水量分配指标、地下水取用水总量和水位管控指标、用水总量控制指标、用水定额等指标的符合性进行审查，提出审查意见作为审批取水许可申请的重要依据。三是推进水资源论证区域评估。重点对实施范围、评估要求、告知承诺制、事中事后监管等作出要求。

2021 年 2 月，国务院印发《国务院关于加快建立健全绿色低碳循环发展经济体系的指导意见》，其中提出推进工业绿色升级，加快实施钢铁、石化、化工、有色、建材、纺织、造纸、皮革等行业绿色化改造。推行产品绿色设计，建设绿色制造体系。大力发展再制造产业，加强再制造产品认证与推广应用。建设资源综合利用基地，促进工业固体废物综合利用。全面推行清洁生产，依法在"双超双有高耗能"行业实施强制性清洁生产审核。完善"散乱污"企业认定办法，分类实施关停取缔、整合搬迁、整改提升等措施。加快实施排污许可制度。加强工业生产过程中危险废物管理。加快农业绿色发展，鼓励发展生态种植、生态养殖，加强绿色食品、有机农产品认证和管理。发展生态循环农业，提高畜禽粪污资源化利用水平，推进农作物秸秆综合利用，加强农膜污染治理。强化耕地质量保护与提升，推进退化耕地综合治理。发展林业循环经济，实施森林生态标志产品建设工程。大力推进农业节水，推广高效节水技术。推行水产健康养殖。实施农药、兽用抗菌药使用减量和产地环境净化行动。依法加强养殖水域滩涂统一规划。完善相关水域禁渔管理制度。推进农业与旅游、教育、文化、健康等产业深度融合，加快一、二、三产业融合发展。提升产业园区和产业集群循环化水平。科学编制新建产业园区开发建设规划，依法依规开展规划环境影响评价，严格准入标准，完善循环产业链条，推动形成产业循环耦合。推进既有产业园区和产业集群循环化改造，推动公共设施共建共享、能源梯级利用、资源循环利用和污染物集中安全处置等。鼓励建设电、热、冷、气等多种能源协同互济的综合能源项目。鼓励化工等产业园区配套建设危险废物集中贮存、预处理和处置设施。

第三节 相关规划文件

2015年4月,中共中央政治局会议审议通过了《京津冀协同发展规划纲要》。该纲要指出,推动京津冀协同发展是一个重大国家战略。战略的核心是有序疏解北京非首都功能,调整经济结构和空间结构,走出一条内涵集约发展的新路子,探索出一种人口经济密集地区优化开发的模式,促进区域协调发展,形成新增长极。在生态环境保护方面,打破行政区域限制,推动能源生产和消费革命,促进绿色循环低碳发展,加强生态环境保护和治理,扩大区域生态空间。重点是联防联控环境污染,建立一体化的环境准入和退出机制,加强环境污染治理,实施清洁水行动,大力发展循环经济,推进生态保护与建设,谋划建设一批环首都国家公园和森林公园,积极应对气候变化。在推动产业升级转移方面,加快产业转型升级,打造立足区域、服务全国、辐射全球的优势产业集聚区。重点是明确产业定位和方向,加快产业转型升级,推动产业转移对接,加强京津冀产业发展规划衔接,制定京津冀产业指导目录,加快津冀承接平台建设,加强京津冀产业协作等。

继《京津冀协同发展规划纲要》印发后,又制定印发了《京津冀协同发展水利专项规划》,科学制定了2020年和2030年京津冀水利建设目标与控制性指标,提出了节约用水与水资源配置、水资源保护与水生态修复、防洪排涝减灾体系建设、水利管理体制改革与机制创新等水利发展改革的主要任务。根据分区水资源承载能力、存在问题和国土空间功能定位,该规划将京津冀地区划分为燕山太行山区、山前平原区、中东部平原区、东部沿海带等"三区一带"。燕山太行山区以水土保持和水源涵养保护为重点,严格产业准入制度,控制用水总量增长;调整产业种植结构,实施退耕还林还草;适当减少生产活动,加大水源地治理保护力度。山前平原区重点构建"山区水库—南水北调中线干线—骨干输水渠道"为一体,覆盖中东部地区的水源配置体系,发挥对京津冀水源统筹调配作用;结合水源置换、调整优化供水结构,逐步退减超采地下水,压缩灌溉面积。中东部平原区通过南水北调东中线及引黄增加供水,提高水资源承载能力;综合治理地下水超采区,压缩灌溉面积;增加河道用水,恢复历史通道,修复白洋淀、衡水湖及永定河等重要河流廊道的生态;加强蓄滞洪区和骨干河道治理,提高防洪除涝能力。东部沿海带加强河口综合治理,加快海堤工程建设,保障沿海经济区和城市防洪防潮安全;加大海水淡化和直接利用力度,同时加强多水源联合调配,保障滨海区供水安全;恢复南大港、北大港、七里海等滨海湿地。

2016年9月,《长江经济带发展规划纲要》正式印发,明确提出把保护和修复长江生态环境摆在首要位置,共抓大保护,不搞大开发,全面落实主体功能区规划,明确生态功能分区,划定生态保护红线、水资源开发利用红线和水功能区限制纳污红线,强化水质跨界断面考核,推动协同治理,严格保护一江清水,努力建成上中下游相协调、人与自然相和谐的绿色生态廊道。重点要做好四个方面的工作:一是保护和改善水环境,重点是严格治理工业污染、严格处置城镇污水垃圾、严格控制农业面源污染、严格防控船舶污染;二是保护和修复水生态,重点是妥善处理江河湖泊关系、强化水生生物多样性保护、加强沿江森林保护和生态修复;三是有效保护和合理利用水资源,重点是加强水源地特别是饮用水水源地保护、优化水资源配置、建设节水型社会、建立健全防洪减灾体系;四是有序利用长江岸线资源,重点是合理划分岸线功能、有序利用岸线资源。按照全国主体功能区规划要求,建立生态环境硬约束机制,明确各地区环境容量,制定负面清单,强化日常监测和监管,严格落实党政领导干部生态环境损害责任追究问责制度。对不符合要求占用的岸线、河段、土地和布局的产业,必须无条件退出。加强环境污染联防联控,完善长江环境污染联防联控机制和预警应急体系,推行环境信息共享,建立健全跨部门、跨区域、跨流域突发环境事件应急响应机制。

2019年2月,《粤港澳大湾区发展规划纲要》提出牢固树立和践行"绿水青山就是金山银山"的理念,像对待生命一样对待生态环境,实行最严格的生态环境保护制度。坚持节约优先、保护优先、自然恢复为主的方针,以建设美丽湾区为引领,着力提升生态环境质量,形成节约资源和保护环境的空间格局、产业结构、生产方式、生活方式,实现绿色低碳循环发展,使大湾区天更蓝、山更绿、水更清、环境更优美。推动制造业智能化绿色化发展,采用先进适用节能低碳环保技术改造提升传统产业,加快构建绿色产业体系。推进能源生产和消费革命,构建清洁低碳、安全高效的能源体系。推进资源全面节约和循环利用,实施国家节水行动,降低能耗、物耗,实现生产系统和生活系统循环链接。加快制造业绿色改造升级,重点推进传统制造业绿色改造、开发绿色产品,打造绿色供应链。大力发展再制造产业。

2019年12月,《长江三角洲区域一体化发展规划纲要》提出,引导产业合理布局,坚持市场机制主导和产业政策引导相结合,完善区域产业政策,强化中心区产业集聚能力,推动产业结构升级,优化重点产业布局和统筹发展。推动中心区重化工业和工程机械、轻工食品、纺织服装等传统产业向具备承接能力的中心区以外城市和部分沿海地区升级转移。切实加强生态环境分区管治,强化生态红线区域保护和修复,确保生态空间面积不减少,保护好长三角可持续发展生命线。联合制定控制高耗能、高排放行业标准,基本完成钢铁、水泥行业和燃煤锅炉超低排放改造,打造绿色化、循环化产业体系。

2020年10月29日,中国共产党第十九届中央委员会第五次全体会议通过《中共中央关于制定国民经济和社会发展第十四个五年规划和二〇三五年远景目标的建议》,提出立足资源环境承载能力,发挥各地比较优势,逐步形成城市化地区、农产品主产区、生态功能区三大空间格局,优化重大基础设施、重大生产力和公共资源布局。支持城市化地区高效集聚经济和人口、保护基本农田和生态空间,支持农产品主产区增强农业生产能力,支持生态功能区把发展重点放到保护生态环境、提供生态产品上,支持生态功能区的人口逐步有序转移,形成主体功能明显、优势互补、高质量发展的国土空间开发保护新格局。全面提高资源利用效率。健全自然资源资产产权制度和法律法规,加强自然资源调查评价监测和确权登记,建立生态产品价值实现机制,完善市场化、多元化生态补偿,推进资源总量管理、科学配置、全面节约、循环利用。实施国家节水行动,建立水资源刚性约束制度,完善资源价格形成机制。

2021年3月,《中华人民共和国国民经济和社会发展第十四个五年规划和2035年远景目标纲要》全文发布,提出实施国家节水行动,建立水资源刚性约束制度,强化农业节水增效、工业节水减排和城镇节水降损,鼓励再生水利用,单位生产总值用水量下降16%左右。

《乡村振兴战略规划(2018—2022年)》提出,优化农业生产力布局,以全国主体功能区划确定的农产品主产区为主体,立足各地农业资源禀赋和比较优势,构建优势区域布局和专业化生产格局,打造农业优化发展区和农业现代化先行区。东北地区重点提升粮食生产能力,依托"大粮仓"打造粮肉奶综合供应基地。长江中下游地区切实稳定粮油生产能力,优化水网地带生猪养殖布局,大力发展名优水产品生产。华南地区加快发展现代畜禽水产和特色园艺产品,发展具有出口优势的水产品养殖。西北、西南地区和北方农牧交错区加快调整产品结构,限制资源消耗大的产业规模,壮大区域特色产业。推进农业结构调整。加快发展粮经饲统筹、种养一体、农牧渔结合的现代农业,促进农业结构不断优化升级。统筹调整种植业生产结构,稳定水稻、小麦生产,有序调减非优势区籽粒玉米,进一步扩大大豆生产规模,巩固主产区棉油糖胶生产,确保一定的自给水平。大力发展优质饲料牧草,合理利用退耕地、南方草山草坡和冬闲田拓展饲草发展空间。推进畜牧业区域布局调整,合理布局规模化养殖场,大力发展种养结合循环农业,促进养殖废弃物就近资源化利用。优化畜牧业生产结构,大力发展草食畜牧业,做大做强民族奶业。加强渔港经济区建设,推进渔港渔区振兴。合理确定内陆水域养殖规模,发展集约化、工厂化水产养殖和深远海养殖,降低江河湖泊和近海渔业捕捞强度,规范有序发展远洋渔业。

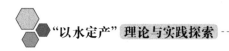

第三章　西北地区"以水定产"的实践探索

第一节　西北地区概况

一、自然地理

西北地区是中国七大地理分区之一,面积311.62万 km²,约为全国总面积的1/3,人口1.02亿,约占全国总人口的7.3%。自然区划概念下,指大兴安岭以西,昆仑山—阿尔金山—祁连山以北的地区。行政区划概念下,指陕西、甘肃、青海、宁夏、新疆等5省(自治区)和内蒙古最西部。本研究主要聚焦陕西、甘肃、青海、宁夏、新疆等5省(自治区)。年降水量从东部的400mm左右,往西减少到200mm,甚至50mm以下。干旱是主要自然特征(为半干旱、干旱气候)。

西北地区深居内陆,距海遥远,再加上地形对湿润气流的阻挡,仅东南部为温带季风气候,其他区域为温带大陆性气候,冬季严寒而干燥,夏季高温,降水稀少,自东向西递减。由于气候干旱,气温的日较差和年较差很大。该区大部属中温带和暖温带。吐鲁番盆地为夏季全国最热的地区。托克逊为全国降水最少的地区。地形以高原、盆地和山地为主,包括天山山脉、阿尔金山脉、祁连山脉、大兴安岭、昆仑山脉、内蒙古高原、阿尔泰山脉、准噶尔盆地、塔里木盆地、吐鲁番盆地。自然景观从东到西为森林草原—典型草原—荒漠草原—荒漠。河流多为内流河,塔里木河为我国最大的内流河。湖泊较少,主要有青海的青海湖、扎陵湖、鄂陵湖、托素湖、察尔汗盐湖等,新疆的博斯腾湖、罗布泊(已干涸)、阿克赛钦湖、赛里木湖、艾比湖、乌伦古湖、艾丁湖,甘肃的刘家峡水库等。西北地区矿产资源丰富,种类多,储量大,已发现矿种130多种,其中已探明储量居全国第一的有30种,储量占全国1/2的有12种。煤炭资源20000亿 t,占全国的34%。仅新疆维吾尔自治区石油储量就达200亿～400亿 t,天然气储量达30000亿 m³。交通地位重要,处于丝绸之路经济带核心地带。

二、经济社会发展概况

国家实施西部大开发战略以来,西北地区经济社会发展步伐逐步加快,特别是近年来,西北地区的经济社会发展水平得到稳步提升。经济总量上,西北地区生产总值从2000年的4779亿元增加至2022年的70396亿元,增长了13.7倍,2022年,西北5省(自治区)地区生产总值占全国国内生产总值的5.82%。其中:第一产业增加值5405.01亿元,占地区生产总值的比重为9.86%;第二产业增加值22383.12亿元,占地区生产总值的比重为40.83%;第三产业增加值27034.88亿元,占地区生产总值的比重为49.31%。人均地区生产总值达51424.4元。区域经济运行总体平稳、稳中有进。截至2022年底,西北地区常住总人口达到10352万,占全国总人口的7.33%。

农业是西北地区经济发展的基础性产业,西北地区农业以灌溉农业、绿洲农业为主。宁夏平原有"塞上江南"的美誉。绿洲农业主要分布在河西走廊、天山山麓。新疆为主要温带水果产地。内蒙古和新疆为糖料作物基地。新疆和内蒙古为重要的畜牧业基地。西北5省(自治区)粮食播种面积为125585.9km²,占全国总播种面积的10.64%。

2000年以来,资源型产业在西北地区的工业中一直占主导地位,而且呈现强化趋势。工业部门主要有石油工业、煤炭工业、金属冶炼工业、机械工业、化学工业、纺织工业、石油工业。西北地区现在已建成完整的工业体系,涌现出一批新兴工业市,比如著名的北疆3市(乌鲁木齐、石河子、克拉玛依),南疆3市(库尔勒、哈密、喀什),河西2市(嘉峪关、金昌),陇中3市(兰州、白银、天水)和宁夏2市(银川、石嘴山)等。进入创新驱动绿色发展的新时代后,低碳约束下西北地区传统工业发展模式表现出了明显的弊端。从经济总量上看,西北地区的工业化进程与东部地区相比,仍存在较大的差距,其原因正在于西北地区的自主创新能力不足,工业产业以产品初级加工为主,技术水平和产品附加值均处于较低水平。从低碳特征上看,西北地区受自身工业结构的影响,对资源、能源的依赖度较高,粗放的增长方式导致工业生产投入需求大、利用效率低、环境污染较重。

为深入实施西部大开发战略的重点任务,西部地区以重点建设能源基地为发展主题,依托内蒙古、宁夏、陕西等能源、资源储备丰富地区的优势和特点,将打造辐射西部地区,乃至全国的重要能源基地。目前,西部地区已经成为中国最重要的能源生产基地,油、气、煤等一次能源生产总量已经占到全国总产量的55%以上。中国《能源发展"十三五"规划》明确提出要把鄂尔多斯盆地、内蒙古东部地区和新疆建设成为国家综合能源基地。甘肃是我国西北的能源大省,能源资源丰富,煤炭、风能、太阳能位居全国前列,发展能源产业的资源优势十分明显,陇东地区煤炭、石油资源丰富,是国家五大综合能源基地之一。内蒙古已查明煤炭资源储量超过7000亿t,居全国第一位,风能资源居全国

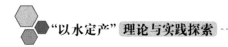

之首,太阳能资源居全国第二位,同时油气资源也非常丰富。新疆作为我国重要的能源战略基地,煤炭、石油、天然气等常规能源丰富,另外风能、太阳能等可再生能源也十分丰富。

三、水资源禀赋特征

西北地区气候干旱、降雨稀少,全区多年平均降水量 2300mm,而水面蒸发量高达 1000~2600mm。特殊的地理位置及气候条件导致西北地区水资源短缺、生态环境脆弱。该地区光热资源和土地、矿产资源比较丰富,属于资源开发主导型地区。然而,西北地区的水资源问题是该地区国民经济和社会发展的最大制约因素。

据统计资料分析,西北地区多年平均地表水资源量约为 1463 亿 m^3,地下水资源量 998 亿 m^3,地下水资源与地表水资源重复计算量 789 亿 m^3,水资源总量 1672 亿 m^3,人均水资源总量 2189m^3,其中:陕西省人均水资源量为 1125m^3;甘肃省人均水资源量为 1077m^3;青海省人均水资源量为 10269m^3;宁夏人均水资源量为 1971.85m^3;新疆人均水资源量为 4000m^3。内陆河流域的人均、亩均水资源量并不算少,但由于水资源与人口、耕地的地区分布极不均衡,有相当大一部分分布在地势高寒、自然条件较差的人烟稀少地区及无人区,而自然条件较好、人口稠密、经济发达的绿洲地区水资源量十分有限。黄河流域河川径流具有地区分布不均、年际变化大及连续枯水等特点,内陆河流域的水资源主要以冰雪融水补给为主,年内分配高度集中,汛期径流量可占全年径流量的 80%,部分河流汛期陡涨,枯季断流,开发利用的难度较大。

西北地区水资源开发利用主要有以下几方面的困难。一是水土流失严重,增加了水资源的需求并降低了水体质量。西北地区多处都是黄土高原区,植被覆盖率小,导致水土流失严重,降低了土壤肥力,加剧了干旱发展,增加了水资源的需求,而且大量泥沙进入水体,对水质产生一定影响。二是内陆河流域湖泊严重萎缩,矿化度升高,水资源调蓄能力降低,利用困难。西北内陆河地区的湖泊主要分布在新疆和青海两省。农业灌溉或强烈蒸发导致了湖泊的萎缩或咸化,减少了水资源储量,降低水资源调节能力,增加了水资源开发利用的困难。三是湖库淤积严重,减弱了水利工程对水资源的调配能力。西北地区水土流失严重,导致湖库大量淤积,甚至导致水库报废,减小了人类对水资源在年内年际的调配能力,不利于水资源的合理有效利用。四是农灌用水大量浪费,农区土壤发生严重的次生盐碱化。西北地区不合理的灌溉制度(如大水漫灌)不仅造成水资源利用效率不高,还导致农区土壤发生严重的次生盐碱化,限制了农区经济的发展,降低了水资源的利用效率。据统计,2018 年,西北地区灌溉水有效利用系数平均值为 0.553,由于气候干燥、降水稀少,水资源严重短缺,节水需求大,特别是大型灌区管理水平较高,节水灌溉工程面积(以渠道防渗为主)占比为 73.8%,远高于除华北地区外的其他地区;同时,受水土资源条件影响,灌区规模一般较大,大型、中型灌区灌溉面积占比达88.0%,远高于其他地区,且区内多数大中型灌区渠道级数多,输水距离远且损失大,因此,灌溉水有效利用系数平均值处于全国中等偏下水平。五是水质污染较重。西北地区水资源的缺乏,一方面表现在总量的缺乏,另一方面表现在与人类活动主要区域分布的不完全一致,因而在人类主要活动区域内的水环境容量非常有限。随着人口的增加和人类活动的加剧,大量废污水排入水体,造成水质严重恶化。

综上,水资源作为基础性自然资源、战略性经济资源和生态环境的控制性要素,无论是西部生态安全屏障的维护,还是将丰富的自然资源真正转变为确保国家粮食安全、能源安全和生态安全的战略保障,均高度依赖水资源的支撑。西北地区地理气候条件特殊,水资源极度短缺,特别是黄河流域水资源总量仅占全国的2%,现状开发利用程度已接近其极限,与其他自然资源和人口、经济的布局极不匹配。随着城市化、工业化进程加快和经济社会的快速发展,人口规模进一步扩大,用水需求也呈增长态势,造成各行业用水量、居民生活用水量不断增加,水资源承载压力不断加大。水资源问题已成为西北地区经济社会可持续发展和良好生态环境维持的最大制约和短板。坚持"四水四定",落实水资源刚性约束,合理规划人口、城市和产业发展,坚决抑制不合理用水需求,推动用水方式由粗放向节约集约转变,实现健康的区域水平衡状态,是保障地区水安全和国土综合安全的基本前提之一,也是推动西北地区生态文明建设、实现高质量发展的迫切需求。

第二节　典型地区经验做法

一、陕西省

(一)基本情况

1.水资源概况

陕西省多年平均水资源总量为 423.3 亿 m^3。按流域分,黄河、长江流域分别为116.6 亿 m^3、306.7 亿 m^3,分别占全省水资源总量的27.5%、72.5%。按区域分,陕北、关中、陕南三个地区水资源总量分别为 40.4 亿 m^3、82.3 亿 m^3 和300.6 亿 m^3,分别占全省的9.5%、19.4%和71.1%。全省多年平均水资源可利用总量为 162.72 亿 m^3。其中:黄河流域为71.60 亿 m^3,占全省水资源可利用总量的44%;长江流域为91.12 亿 m^3,占全省水资源可利用总量的56%。

2022 年,全省总用水量94.9 亿 m^3。各部门用水量中,农业灌溉用水量47.12 亿 m^3,

占用水总量的 49.66%；林牧渔畜用水量 10.36 亿 m³，占总用水量的 10.92%；工业用水量 10.72 亿 m³，占总用水量的 11.30%；居民生活用水量 14.53 亿 m³，占用水总量的 15.31%；城镇公共用水量 5.69 亿 m³，占总用水量的 6.00%；生态环境用水量 6.46 亿 m³，占总用水量的 6.81%。全省总耗水量 94.88 亿 m³。

2.产业情况

2022 年，陕西省实现地区生产总值 32772.68 亿元。其中：第一产业增加值 2575.34 亿元，增长 4.3%，占生产总值的比重为 7.9%；第二产业增加值 15933.11 亿元，增长 6.2%，占生产总值的比重为 48.6%；第三产业增加值 14264.23 亿元，增长 2.6%，占生产总值的比重为 43.5%。人均生产总值 82864 元，比上年增长 4.3%。

(二)主要做法

陕西是一个水资源分布和区域经济社会发展水平严重不协调的西部内陆省份。特殊的地情、水情特点决定了陕西省经济社会发展的最大刚性约束是水资源。

1.完善法规制度体系,强化最严格水资源管理

一是全面落实最严格的水资源管理制度，加快建立覆盖省、市、县三级的水资源开发利用控制、用水效率控制、水功能区限制纳污三条红线，严格水资源有偿使用、取水许可、排污口设置等管理制度。坚持和落实节水优先方针，坚持以水定发展、以水定产业结构，完善节水政策和标准体系。

二是形成了以水资源绿色开发利用为导向，以层级协同推动、社会有机参与为特色的水资源考核制度。对流域区域计划用水实施情况、节水型社会建设推进情况、经济社会水资源消耗水平、水功能区限制纳污等方面制定相应的细化考核指标，实行自评与他评相验证、行业纵向考核与部门横向考评相结合的工作机制。

2.优化水资源配置,强化水资源调度

一是有序推进以跨流域调引水为重点的节水供水重大工程建设，统筹谋划并初步形成了南有引汉济渭、引红济石、引乾济石、引嘉济清、引胥济黑，东有古贤水利枢纽、东雷抽黄一二期、港口抽黄、禹门口抽黄、延安引黄、榆林"马镇＋府谷"引黄，北有盐环定扬黄，西有陕甘宁革命老区供水、白龙江引水延安延伸供水，中有泾河东庄水库、黑河金盆水库、冯家山水库、石头河水库、亭口水库、石堡川水库、南沟门水库、王瑶水库、龙安水库、蒋家窑水库、王圪堵水库、采兔沟水库等大中型调蓄工程为构架的水利基础设施水网格局，区域水资源承载能力得到了一定程度的提升，水资源空间配置日趋科学化、合理化、均衡化。

二是分解明确各市(县)水资源三条红线控制指标，细化黄河取水许可总量控制指标到相关市(区)和主要干支流，为省水资源确权登记工作奠定了一定基础。积极配合水利部完成了渭河、无定河、北洛河、汉江、嘉陵江、伊洛河等6条跨省江河流域水量分配方案。以渭河、汉江流域干流水量调度管理为龙头,积极向其他流域延伸扩展,探索实现已批复的"四河两江"水量调度管理新格局。

3.完善用水定额标准,强化取用水管控

一是定额管理方面,起草完成《陕西省行业用水定额修订》。依据《用水定额编制技术导则》(GB/T 32716—2016),按照《国民经济行业分类》(GB/T 4754—2017),采用普查调查、量化计算、对标分析等技术方法,调查了全省728家单位用水情况,获取了2922份有效样本数据,综合确定用水定额值。修订定额涵盖工业、生活、农业用水三部分共计508项产品用水定额,目前已报送省市场监督管理局审定。

二是实行用水精细化管理。要求水资源论证报告中增加节水章节,利用定额对建设项目取水量进行核定,对项目用水是否节水给出明确结论;出台《陕西省计划用水管理办法》,要求对取水许可用水户和管网覆盖内规模以上的用水户全部实行计划用水。用水户年末上报用水总结和来年用水规模及用水计划,管理单位根据定额对用水计划核定后,按月下达。

4.强化重点行业、重点领域节水

一是在陕北能源化工基地和关中城市群建设中,落实"四水四定",严控未达到节水工艺标准和节水技术要求的产业在区内布局,持续开展节水型器具、节水型设备、节水型技术推广改造,对特种行业实行超定额累计加价制度,使价格杠杆在节水中真正发挥作用。

二是创新节水管理服务模式,以高校合同节水为切入点,西安工业大学、陕西科技大学、西北农林科技大学等21所高校对洗浴中心实行用水托管式合同节水管理,节约用水量20%～30%,取得显著的社会效益和经济效益。省高校合同节水工作得到水利部充分肯定,受邀在全国节水单元创建会议上做经验介绍,《人民日报》、新华网等多家主流媒体宣传报道。

三是大力开展节水型社会建设,加快工业节水技术改造,普及农业高效节水技术,大力推广节水器具和节水工艺、节水技术,不断提高各行各业和全社会的节水水平。加强各功能区和市界断面排污总量控制,严格控制入河排污总量,加强水源地保护和水生态环境修复,健全地下水监测和管理机制。

5.探索水权改革

一是加强水权制度建设。以全省水资源情势和管理现状为基础,印发实行了《陕西省水权改革试点方案》《陕西省水权确权登记办法》和《陕西省水权交易管理办法》。印发了《关于陕西省水资源使用权证格式的通知》,确定了农业综合水价改革和水权试点水

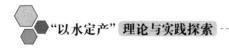

资源使用权证的格式。

二是试点推行水权制度。以国家级节水型社会建设试点为契机,先后开展水权制度建设试点。确定渭南市白水县、咸阳市三原县、榆林市榆阳区和延安市洛川县 4 县(区)先行先试。在渭南市富平县、大荔县、宝鸡市,咸阳市等灌区开展农业水价综合改革探索,明确农业初始水权。开展石头河水库城市供水水权研究,推进两部制水价形成。组织编写了《陕西省引汉济渭水权置换关键技术研究》,为在陕北黄河干流置换取水指标提供了解决思路。

6.推进水价改革,促进水资源节约集约利用

一是由省水利厅牵头,发改、财政、农业参与组成了农业水价综合改革联席会议,强化跨部门对接配合,扎实推进各项改革工作。积极开展了大型灌区的农民用水负担情况调研,完成了大灌水利工程农业供水成本监审工作。

二是在宝鸡峡等 5 个省属大型灌区 59 万亩(1 亩≈0.067hm²)灌溉面积开展省级改革试点,开展为期一年的改革试点工作,积极探索"三种定价模式和相应配套补贴办法"。在农民实际水费负担总体上不增加的原则下,适当提高了终端水价标准。

三是在全省 13 个大型灌区 720 万亩面积持续扩大改革试点,完善供水计量设施,改进供水计量办法,创新实行"双标尺、同计量"管理方式,强化终端供水计量管理,保障末级渠系灌溉供水价格扣除财政补贴后,达到运行维护成本水平。

四是结合实际修订灌溉用水定额,实施农业水权改革,细化分解农业灌溉水权到户,明确初始水权,颁发水权证书,全面实施农业用水总量控制和定额管理。推行超定额累进加价制度和探索实行分类水价,以水价改革促进水资源节约集约利用。

二、甘肃省

(一)基本情况

1.水资源概况

甘肃分属内陆河、黄河、长江三大流域。全省共划分为 12 个水系,省多年平均水资源总量 289 亿 m³,居全国倒数第 4 位,人均和耕地亩均水资源量分别是全国平均的 1/2 和 1/4。与 1956—2000 年系列相比,2000 年以来全省水资源总量减少 45 亿 m³,减幅 16%。水资源空间分布与经济社会发展布局不匹配,内陆河流域分布着全省 63% 的灌溉面积,水资源量仅占 21%;黄河流域集中全省 70% 的人口和生产总值,水资源量仅占 44%;长江流域水资源量占全省的 35%,人口仅占 12%、生产总值占比仅 6%。2022 年,全省总用水量 112.9 亿 m³。按用水行业分,农业灌溉用水量 82.3 亿 m³,工业用水量 6.3 亿 m³,居民生活用水量 10.3 亿 m³,生态环境用水量 13.9 亿 m³。用水结构上,农业是用

水大户,占 72.9%;其次是生态环境用水量,占 12.3%;居民生活用水量占 9.1%;工业用水量占 5.6%。

2.产业情况

2022 年,全年全省地区生产总值 11201.6 亿元,比上年增长 4.5%。其中:第一产业增加值 1515.3 亿元,增长 5.7%;第二产业增加值 3945.0 亿元,增长 4.2%;第三产业增加值 5741.3 亿元,增长 4.4%。第一产业增加值占地区生产总值的比重为 13.5%,第二产业增加值比重为 35.2%,第三产业增加值比重为 51.3%。按常住人口计算,全年人均地区生产总值 44968 元,比上年增长 4.7%。全年全省十大生态产业增加值 3278.77 亿元,占全省地区生产总值的 29.3%。

(二)主要做法

1.初步确立水资源刚性约束机制

一是全面落实最严格水资源管理制度。先后印发《甘肃省加快实施最严格水资源管理制度试点方案》《甘肃省实行最严格水资源管理制度办法》《甘肃省"十三五"水资源消耗总量和强度双控行动实施方案》等制度办法,下达《甘肃省地级行政区 2015 年、2020 年、2030 年水资源管理控制指标》及年度控制指标,严守"三条红线",国考考核指标均提前完成目标任务。实施最严格水资源管理制度考核,制定印发《甘肃省实行最严格水资源管理制度考核办法》《甘肃省"十三五"实行最严格管理制度考核工作方案》,突出"最严格"和"刚性约束",细化"省考"考核内容、指标设置、赋分标准,开展专项检查抽查,联合发展改革委、环保等 9 个省直部门开展考核,对考核结果予以公告,对各市(州)考核逐步实现"严、紧、硬",各市(州)最严格水资源管理制度各项目标任务全面完成。

二是规范取水许可审批管理。严格执行《取水许可办法》《关于加强取水许可动态管理的实施意见》《甘肃省水利厅进一步加强水电站取水许可管理的意见》《甘肃省水资源用途管制实施办法》等规章制度,新增或延续取水必须符合总量控制、强度管理、用途管制等审批条件,从严控制取水许可审批。加强取水许可事中事后监管,建立管理台账,分级制定重点用水户名录。及时查处违规取水行为,先后在省管取水单位实施取水违规问题清零、取用水秩序整治等专项行动,全面排查梳理省管取水单位取用水管理现状,清理整治各类取用水违法违规行为,维护正常水事秩序。

三是强化定额管理和用水统计。加强定额管理,制定并及时修订符合甘肃产业结构特点和经济发展水平的各行业用水定额。加强用水定额监督管理,对建设项目水资源论证审查,鼓励引导企业选择先进的用水定额;换发取水许可证时,按照最新实施的行业用水定额核定许可取水量。落实《甘肃省计划用水管理实施细则(试行)》,按照分级管理和属地管理相结合的原则,年初下达并监督落实用水计划;对纳入取水许可管理的用水户实行计划用水管理,按月核定下达用水计划。规范用水统计技术方法,加强用水计量和监测,不断提高用水总量统计的科学性、准确性和实效性,全省各用水调查对象由2015年的552个增加到2019年的728个,将用水统计纳入水利统计调查制度,用水总量统计工作进入规范化、常态化轨道。

2.增强水资源保障能力

一是水资源配置格局逐步优化。配合流域机构制定渭河、洮河、北洛河、嘉陵江、汉江等主要河流水量分配方案,积极推进大通河、泾河水量分配方案落地实施。严格监督落实已批复河流水量分配方案,实现了黄河干流、嘉陵江、汉江、渭河、洮河、北洛河以及疏勒河、黑河、石羊河的水量分配管控目标。加强引大、引洮、中部生态移民供水工程等水资源调度工作,积极争取1.6亿元中央补助资金实施酒泉市清水河、白银市金沟河等水系连通工程,协调落实古浪黄花滩移民区新增取水指标,区域水资源调配能力不断提升。加强非常规水资源开发利用,非常规水利用量达到3.97亿m³。

二是提升水资源监控能力。建成国家水资源监控能力建设项目水资源管理信息平台、取水信息采集与传输系统、水功能区及水源地水质在线监测设施;制定《甘肃省水资源监控系统运行维护管理办法》,明确各级管护职责,加强水资源监控系统运行管理。加强水资源监测监控,结合国控项目建成运行取水许可登记、水电站引泄水流量监管、地下水监测、取用水监测等平台,分别对全省157个水功能区水质、761处取用水户水量、20个饮用水水源地水质、330眼地下水水位水质、18个30万以上大型灌区用水水质等进行监测。

三是夯实水资源管理工作基础。加强水资源管理顶层设计,编制完成《甘肃省水资源保护规划》《甘肃省"十四五"水资源管理与保护规划》。开展第三次全省水资源调查评价,全面摸清60余年来我国水资源状况变化,系统分析水资源演变规律,提出了全面、真实、准确、系统的评价成果。推动建立甘肃省水资源承载能力监测预警机制,形成地级行政区水资源承载能力评价初步成果、县域单元水资源承载能力评价初步成果。

3.运用市场手段推进水资源管理多项改革

一是水权交易改革显著成效。疏勒河流域水权试点取得显著成效,试点期间共确权水量9.4亿m³,发放水权证221本,延续换发取水许可证3619本,完成农户和协会间水权交易56宗,交易水量45.15万m³。水权交易示范推广启动。2019年,水利部将甘肃省列为灌溉用水户水权交易示范推广工作3个试点省份之一,比选确定景电灌区、疏勒河流域、石羊河流域及凉州区、古浪县、景泰县、玉门市、瓜州县等基础条件较好的区域作为试点,开展水权交易、水市场培育等工作。加强水权交易监管,积极引导用水主体开展水权交易,促进水资源由低效益用途向高效益用途流转。截至2019年底,全省建成水权交易平台 42 处,累计开展水权交易 1249 单,交易水量 2667.92 万 m³,交易金额 378.27 万元。

二是推进污水处理费改革。2017 年底,全省市、县污水处理收费标准调整达到目标要求,设市城市居民污水处理费标准调整到 0.95 元/t,非居民调整到 1.4 元/t;县城污水处理费标准调整到 0.85 元/t,非居民调整到 1.2 元/t。新标准的实施,有效促进了水资源优化配置和节约保护。

三是推进居民阶梯水价改革。2015 年底前,16 个设市城市均建立了居民生活用水阶梯价格制度。第一级覆盖率 80%,第二级覆盖率 95%,第三级水量为超出第二级水量的用水部分。2020 年 5 月,印发了《关于进一步深化水价形成机制改革的实施意见》,明确要求结合水资源稀缺状况等因素,进一步拉开各阶梯价差,第一级水量原则上按覆盖75% 居民家庭用户的月均用水定额。居民阶梯水价制度的实施,既保障了居民基本用水需求,又体现了改善和提高居民生活质量的合理用水需求,促进了资源节约,还有利于减少交叉补贴。

四是建立非居民用水超定额累进加价制度。从 2013 年开始,在武威、金昌、定西、敦煌、玉门等 5 个设市城市和民勤、天祝、古浪等 3 个县城探索实行了非居民用水超定额累进加价政策。2017 年,甘肃省发展改革委、省住房和城乡建设厅向市(州)印发了《关于加快建立健全城镇非居民用水超定额累进加价制度的通知》,确保在 2020 年底前全省全面推行非居民用水超定额累进加价制度,并建立了相应的工作推进机制。2018 年 7 月,甘肃省发展改革委、省住房和城乡建设厅再次向市(州)印发了《甘肃省加快建立健全城镇非居民用水超定额累进加价制度实施方案》(甘发改价管〔2018〕581 号),对实施范围、用水定额、分档水量、加价标准、计价周期、时间节点等作了明确规定。截至 2020 年,各市(州)均按照通知要求和实施方案细化实化的工作内容,有序推进非居民用水超定额累进加价相关工作。

五是推进农业水价综合改革。制定《甘肃省推进农业水价综合改革实施方案》,推动建立健全合理反映供水成本、有利于节水和农田水利体制机制创新、与投融资体制相适应的农业水价形成机制。截至 2019 年底,全省累计完成改革面积 1088.1 万亩,占计划改革任务总面积 1949 万亩的 55.8%,81 处 5 万亩以上大中型灌区有效灌溉面积达1530.9 万亩,省 24 处大型灌区已全部完成农业供水成本核算,57 个重点中型灌区中有49 处已完成农业供水成本核算。实施农业水价改革的 30 个县(市、区)有 20 个县(市、区)水价达到运行维护成本的 80%,13 个县(市、区)水价达到工程运行维护成本水平。通过控水权、推定额、配工程、强管理,特别是高效节水设施改造和实行分类分档水价,引导农民调整优化种植结构、发展高效节水农业、改变用水习惯,提高了水资源利用效率,实现了节水增收。

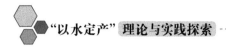

4. 加快构建与水资源禀赋条件相匹配的产业体系

一是优化调整农业产业结构。按照"结构调优、水耗调低、效益调高"的原则,优化农业生产布局,调整种植结构,推进适水、量水生产。在河西内陆河流域,不断提高农业用水效益,建设了以现代种业、戈壁设施蔬菜、酿酒原料为主的灌溉农业区,打造了一批标准化农业产业园。在沿黄流域,建设了以高原夏菜、瓜果为主的沿黄灌区现代高效节水农业示范区。在陇中陇东黄土高原旱作农业区,主要以优质苹果、玉米、马铃薯、中药材等种植为主,打造国家级旱作农业示范区。在甘南、陇南山区,以发展中药材(藏药)、花椒、油橄榄为主的特色农业。例如,武威市委、市政府提出因地制宜打造沿山、沿川、沿沙"三大特色产业带",大力发展牛、羊、鸡、菜、果、菌、薯、药"八大产业"。民勤县重点发展沿沙产业,确定了"3+1"主导产业发展布局(以蜜瓜、茴香、果蔬为主的种植业和以苏武沙羊养殖为主的畜牧业),打造了"8+N"特色产业园区。2020年,粮、经、饲比例从2019年的32.60∶48.89∶18.51优化为29.5∶57.5∶13.0。

二是大力发展高效节水灌溉。2012年,甘肃省水利厅组织编制了《河西走廊国家级高效节水示范区实施方案》,通过水利部审查,并将全省整县(区)规模推进的做法作为全国典型在西北地区推广。2013年10月,甘肃省人民政府批转了省水利厅、发展改革委、财政厅、国土厅、农牧厅五部门制定的《关于深化农业节水建设工作的意见》,确立了高效节水发展与土地流转、结构调整、水价改革、水权分配、产权改革、协会发展、农田节水、节约水量"八个结合"的工作思路,从体制机制创新上推动农业高效节水发展。2015年,结合国家"西北节水增效"战略,省水利厅制定了高效节水灌溉发展总体实施方案,确定新发展550万亩高效节水的目标任务,纳入全国规划,率先在全国整流域、整区域推进。全省发展高效节水面积累计达到770万亩,占有效灌溉面积的1/3。

三是凝聚工作合力,强化示范引领。省直相关部门高度重视、积极协助配合,安排专项资金扶持农田高效节水技术推广,省财政、省农业综合开发累计安排资金3.56亿元,重点实施了垄膜沟灌、垄作沟灌等技术面上推广和核心示范区建设;省水利厅等有关部门也安排了大量资金,重点建设了滴灌设施;同时各市(县)也积极配套资金,大型企业自筹资金,支持农田节水技术推广,据统计,市(县)共安排资金1亿多元,企业筹措资金10亿多元。各地加大农田高效节水技术的示范推广力度,紧紧围绕主要作物、优势产业,根据当地经济、水资源、土壤、作物种类等基础条件和农业生产实际,选择适合的农田节水主推技术,建设了一批具有区域特色的农田高效节水示范区。示范、带动农民科学用水、规范种植,把示范区建成了节水成果展示、农民现场观摩、技术集成转化的平台。

三、青海省

(一)基本情况

1.水资源概况

青海省河源区沼泽广布,湖泊众多,面积 1km² 以上的湖泊有 40 个,其中以鄂陵湖、扎陵湖为前两大湖泊。流域面积大于 500km² 的支流共 77 条,主要支流有达日河、西科河、泽曲、巴沟、曲什安河、大河坝河、茫拉河、隆务河等。出省后流入干流的支流有湟水、洮河、大夏河等。地表水资源量 206.8 亿 m³,占黄河径流量的 39.0%,多年平均出境水量 264.3 亿 m³(含甘肃、四川入境水量 61.2 亿 m³),占黄河径流量的 49.4%。

2022 年,全省平均年降水量为 341.1mm,折合水量 2376.1 亿 m³,比多年平均值偏多 7.8%,属平水年。全省水资源总量为 725.74 亿 m³,比多年平均值偏多 12.8%。其中:地表水资源量为 707.51 亿 m³,地下水资源量为 319.76 亿 m³,地下水与地表水资源不重复量为 18.23 亿 m³。2022 年,全省地表水入境水量 66.52 亿 m³,出境水量 658.84 亿 m³。全省用水总量为 24.46 亿 m³。其中:农田灌溉用水量 11.10 亿 m³,占总用水量的 45.4%;林牧渔畜用水量 6.01 亿 m³,占总用水量的 24.6%;工业用水量 2.69 亿 m³,占总用水量的 11%;城镇公共用水量 0.90 亿 m³,占总用水量 3.7%;居民生活用水量 1.99 亿 m³,占总用水量的 8.1%;生态环境用水量 1.77 亿 m³(含河湖补水量 0.71 亿 m³),占总用水量的 7.2%。地表水源供水量 18.50 亿 m³,占总供水量的 75.6%;地下水源供水量 5.15 亿 m³,占总供水量的 21.1%;非常规水源供水量 0.81 亿 m³,占总供水量的 3.3%。

2.产业情况

2022 年,全年生产总值 3610.07 亿元,按可比价格计算,比上年增长 2.3%。青海是黄河流域经济总量最小的省份。分产业看,第一产业增加值 380.18 亿元,比上年增长 4.5%;第二产业增加值 1585.69 亿元,比上年增长 7.9%;第三产业增加值 1644.20 亿元,比上年下降 2.5%。第一产业增加值占生产总值的比重为 10.5%,第二产业增加值比重为 43.9%,第三产业增加值比重为 45.6%。人均生产总值为 60724 元,比上年增长 2.1%。

(二)主要做法

受特殊的区位条件制约,青海省水资源时空分布不均、干旱缺水始终是省情的基本特点,人口稀少、地域辽阔的青南地区水资源相对丰富,人口集中、经济相对发达的湟水流域、柴达木盆地水资源匮乏,与经济发展格局极不匹配。省内大型控制性调蓄工程少,留不住水、调不动水、用不到水的问题十分突出。近年来,青海省围绕战略定位,提出构建"两屏护水、一群驱动、三区协同、一廊连通"的黄河青海流域生态保护和高质量发展空间布局。"两屏护水"指三江源草原草甸湿地生态功能区、祁连山冰川与水源涵养生态功能区共同构筑起黄河流域上游水源涵养安全屏障,创造更多像水晶一样的源头活水为代表的生态产品。"一群驱动"指兰西城市群青海部分作为高质量发展核心动力系统,驱动其他区域同步发展。"三区协同"指坚持生态优先、绿色发展,推动特色发展区、创新发展区、转型发展区协同融合。"一廊联通"指打造形成沿黄河文化走廊,构建黄河上游黄金旅游带。围绕落实"以水定产",主要开展了以下几方面工作。

1.不断健全完善法规制度体系

深入推进科学立法、民主立法、依法立法,相继出台了一批经济、政治、文化、社会、生态领域重要的法规规章,特别是生态立法的比重上升、步伐加快、作用明显,生态文明建设促进条例走在全国同类立法前列。在水利方面,省人大颁布了《青海省实施〈水法〉办法》《青海省实施〈水土保持法〉办法》等4部地方性水法规,省政府颁布了《青海省实施〈抗旱条例〉办法》《青海省取水许可和水资源费征收管理办法》等6部政府规章;在资源管理方面,颁布了《青海省实施〈土地管理法〉办法》《青海省矿产资源管理条例》等7部地方性法规,以及《青海省草原承包办法》《青海省林地、林权管理办法》等16部政府规章;在能源方面,颁布了《青海省实施〈节约能源法〉办法》《青海省供用电条例》等3部地方性法规,以及《青海省促进绿色建筑发展办法》《青海省节能监察办法》等3部政府规章。通过推进依法治水管水,青海省最严格水资源管理制度全面落实,一批重大水利项目相继开工或基本建成,水资源优化配置总体布局得到明显改善;防洪薄弱环节显著加强,水旱灾害防御能力有了大幅提高;水利体制机制改革稳步推进,部分重点领域改革有了新突破;农村饮水安全巩固提升取得明显成效,民生水利发展使人民群众有了更多获得感;全面实行河湖长制,"一江清水向东流"有了重要保障。

2.建立部门间齐抓共管的管理体制机制

一是强化组织领导。成立了省委书记、省长任组长的省推动黄河流域生态保护和高质量发展领导小组(领导小组办公室设在省发展改革委),设立了生态环境保护、水资源水安全管理、高质量发展和文化保护传承弘扬四个协调小组,为推进黄河工作提供了坚强的组织保障。同时搭建了厅局沟通平台、专家智囊平台、代表委员交流平台等三个平台,形成了研究谋划争取的合力。

二是定期研究部署。省政府领导多次召开专题协调会议,听取工作进展,提出工作要求。领导小组办公室定期召开碰头会议,互通工作进展情况,协同推进任务落实。2020年3月,领导小组召开第一次会议,审议了领导小组工作规则和办公室工作细则,部署了年度工作任务,启动了 26 个课题、7 个专项规划研究,其中水利部门承担了"黄河流域源头保护和水源涵养""黄河青海流域水土流失治理""兰西城市群水利保障""黄河可供水量需求分析""黄河青海流域水沙关系"等 5 项专题研究。谋划实施一批切实可行的重大工程,有力推动了黄河工作良好开局。

三是扎实推进前期工作。省发展改革部门会同水利等部门,拟定了省黄河流域范围和功能区划分方案,开展了《黄河青海流域生态保护和高质量发展总体规划》编制工作,目前已形成《黄河青海流域生态保护和高质量发展青海总体规划(2020—2035 年)基本思路(送审稿)》。省水利厅积极对接水利部和黄河水利委员会,研究国家战略和水利发展的结合点,配合国家层面开展《黄河流域生态保护和高质量发展水利专项规划》编制工作,委托专业机构编制《青海黄河流域生态保护和高质量发展水利专项规划》。

四是部门间积极沟通衔接。省发展改革、财政、水利、自然资源、生态环境、住建、交通运输、农业农村、文化旅游、扶贫开发等相关部门加大与国家有关部委的汇报衔接力度,积极争取多方支持。在国家发展改革委召开的推进黄河流域生态保护和高质量发展地方电视电话会议中,围绕生态环境保护、水资源安全管理、高质量发展、文化保护传承弘扬等 4 个方面积极建言献策。

3. 严格落实黄河水量分配制度

一是落实黄河水量分配。根据"八七"分水方案提出的黄河可供水量分配方案,青海省分得 14.1 亿 m^3。2008 年,青海省人民政府批复实施《青海省黄河取水许可总量控制指标细化方案》,将 14.1 亿 m^3 黄河流域地表水耗水量分配到各市(州),各市(州)人民政府陆续批复了细化方案。二是推进支流水量分配。积极配合黄河水利委员会完成省大通河、洮河等水量分配任务。

4. 加强水资源刚性约束

一是落实最严格水资源管理制度,严格执行最严格水资源管理制度考核。出台《青海省"十三五"最严格水资源管理控制指标分解方案》《青海省"十三五"实行最严格水资源管理制度考核工作实施方案》,逐级将水资源管理"三条红线"指标分解至市(州)、县(市、区、行委),并纳入地方政府目标责任(绩效)考核指标体系,考核结果作为领导班子的重要考评依据。

二是不断规范取水许可管理,印发《关于开展农业灌溉工程、人畜饮水工程取水许可补办工作的通知》《关于进一步加强和规范取水许可延续工作的通知》,严控无计划、超计划取水。

三是实施用水强度控制。把用水强度控制指标细化分解到各市(州)、县(市、区),并纳入各级政府年度目标责任考核。强化计划用水管理,持续加强漏损管控,有效落实《青

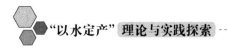

海省非常规水源利用规划》。2019 年,全省非常规水利用量达 5571 万 m^3,较上年增加了 148%。

四是落实《青海省"十三五"水资源消耗总量和强度双控行动落实方案》,推进规划水资源论证,按照"四水四定"要求,发挥水资源作为最大刚性约束的重要作用。2018 年,全省用水总量 26.1 亿 m^3;万元国内生产总值用水量 $87m^3$,较 2015 年下降 21.7%;万元工业增加值用水量 $24.3m^3$,较 2015 年下降 28.5%;农田灌溉水有效利用系数为 0.4986。

5.推进节水行业、产业发展

一是强化节水顶层设计。2019 年 11 月,经青海省人民政府同意,省水利厅会同省发展改革委联合印发了《青海省节水行动实施方案》,明确了节水工作的目标任务、重点行动、责任措施等内容。2020 年 1 月,青海省人民政府以第 124 号令公布了《青海省节约用水管理办法》(以下简称《办法》)。《办法》规定了用水总量和用水强度"双控"制度,建立三级行政区域的用水总量和用水强度控制指标体系,作为区域水资源开发和利用效率的控制红线;规定对取用水户,由县级以上人民政府水行政主管部门实行计划用水管理。同时,对行业用水定额的制定作出了具体规定,要求建立用水计量、统计、通报制度,加强对取用水户的节约用水管理,并规定对重点取用水户开展用水监控,定期进行用水审计;对居民用水推行阶梯水价制度、非居民用水实行超定额超计划累进加价制度、落实农业灌溉用水计量收费等作出了规定。《办法》的实施为进一步强化水资源刚性约束、落实最严格水资源管理制度、加强节约用水管理、推动全省水资源节约集约利用奠定了坚实的制度保障。

二是完善定额标准体系。新增、细化和调整了 18 个行业 58 类产品用水定额,通过定额倒逼用水户节约用水,充分发挥定额在强度控制上的约束和引导作用。

三是强化节水监督管理。积极开展地区和重点用水企业年度用水计划、取用水台账、计量设施等的监督检查,建立了 19 个国家级和 237 个省市州级重点监控用水单位名录,强化其取用水计量管理和在线监控。

四是全面开展节水评价。按照分级管理权限,开展规划和建设项目节水评价,强化规划编制、建设项目立项、取水许可中节水有关内容和要求,从源头上把好节水关。严格叫停节水评价不合格的项目。

五是推进节水型社会建设。西宁市、德令哈市、格尔木市荣获"全国节水型社会建设示范区"称号,青海省水利厅节水机关建设通过水利部验收,大通等 4 县(区)被命名为全国第二批节水型社会建设达标县,218 家单位被授予"青海省节水型单位"称号,146 个居民小区被授予"青海省节水型居民小区"称号。广泛开展宣传教育,综合运用广播、电视、报纸、互联网、微信公众号等平台,持续开展水法律法规、节水知识宣传,普及节水知识,推动形成全社会爱水惜水护水节水的良好氛围。

六是创新节水工作模式。以高校合同节水、水利系统节水型机关创建为重点,选择一些不同类型、基础条件比较好的学校、机关、灌区、企业、社区等开展节水工作,突出以水资源论证、取水许可、水资源费征收、水工程规划审批等为手段,以建设节水示范点,创建节水型载体为突破,以点带面,总结经验,示范引领,逐步扩大,带动全省节水工作。推进水资源费改税改革,全面推进农业水价综合改革,合理调整城镇居民生活用水价格,全面推行阶梯水价制度,用经济杠杆促进节约用水。开展高耗水企业水平衡测试,推动节水工艺改造和中水回用,降低产业耗水,倒逼产业转型升级。减少供水管网"跑冒滴漏",推广节水器具,加强服务业节水,推动雨水集蓄与利用,提高城镇生活用水效率。

6.开展水流产权确权试点

按照中央和省委全面深化改革工作的有关要求,2016年,在海西州开展了水流产权确权试点,青海省水利厅、海西州人民政府联合印发了《青海省水流产权确权试点方案》,对完善现状用水普查、开展用水确权登记与数据库建设、探索建立水权交易制度、探索设置水权交易信息平台等试点工作作出了部署。经过3年的努力,海西州格尔木市、德令哈市完成了试点各项工作任务,主要包括初始水权分配、用水确权登记、建立水资源确权登记数据库、构建海西州水权交易制度体系、探索建立州级和市级水权交易公共服务平台等。2019年11月,通过了市级验收,12月试点工作通过省州联合验收。通过试点,计划用水和用水定额管理得到进一步加强,取水许可制度得到进一步完善,水资源利用效率得到提高,更好地支撑了海西州经济社会持续健康发展,为全省开展水流产权确权工作提供了可推广、可操作的试点经验。

四、宁夏回族自治区

(一)基本情况

1.水资源概况

2022年,全区降水总量131.397亿m³,折合降水深254mm。全区水资源总量8.924亿m³。其中:天然地表水资源量7.077亿m³,地下水资源量15.344亿m³,地表水与地下水资源重复量13.497亿m³。2022年,全区取水量66.328亿m³。其中:农业取水量53.639亿m³,工业取水量4.461亿m³,生活取水量3.698亿m³,人工生态环境补水量4.530亿m³。黄河水源供水量58.974亿m³,当地地表水源供水量1.102亿m³,地下水源供水量4.821亿m³,其他水源(再生水、矿井水和微咸水)供水量1.431亿m³。2022年,全区总耗水量39.616亿m³。其中:农业耗水量30.150亿m³,工业耗水量3.548

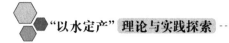

亿 m³,生活耗水量 1.388 亿 m³,人工生态环境耗水量 4.530 亿 m³。耗黄河水 34.418 亿 m³,耗当地地表水 0.815 亿 m³,耗地下水 2.952 亿 m³,耗其他水 1.431 亿 m³。

2.产业情况

2022 年,全年全区实现生产总值 5069.57 亿元,按不变价格计算,比上年增长 4.0%。其中:第一产业增加值 407.48 亿元,增长 4.7%;第二产业增加值 2449.10 亿元,增长 6.1%;第三产业增加值 2212.99 亿元,增长 2.1%。第一产业增加值占地区生产总值的比重为 8.0%,第二产业增加值比重为 48.3%,第三产业增加值比重为 43.7%。按常住人口计算,人均地区生产总值 69781 元,增长 3.5%。宁夏是深入实施西部大开发战略的前沿,也是丝绸之路的战略重点。按照国家"一带一路"倡议和深入实施西部大开发战略,稳步推进神东、陕北、宁东、鄂尔多斯能源基地建设,确保国家能源战略安全。扎实推进呼和浩特、包头、银川等重点经济区的率先发展,形成西部大开发战略新高地。随着能源化工"金三角"开发上升为国家发展战略,宁东能源化工基地成为宁夏产业发展的重中之重。于 2003 年开发建设的宁东能源化工基地,是国务院批准的国家重点开发区,先后被确定为国家亿吨级大型煤炭基地、千万千瓦级煤电基地、现代煤化工产业示范区及循环经济示范区,是国家能源"金三角"重要一极。

(二)主要做法

1.完善水资源承载能力监测机制制度

一是出台了《"十三五"实行水资源消耗总量和强度双控行动加快推进节水型社会建设实施方案》,明确各市(县、区)2020 年用水总量和强度控制指标,划定各市(县、区)"十三五"水资源消耗总量和强度管控红线,严格总量指标和强度指标管理。

二是探索开展水资源承载预警机制建设。2016 年,在全国层面率先对全区的水资源承载能力现状进行了评价,后续制定了《水资源预警管理办法》,明确了超载地区、临界超载地区的管理措施(对水资源超载地区,暂停审批建设项目新增取水许可,并在下一年度削减用水计划;对临界超载地区,暂停审批高耗水建设项目,限制审批建设项目新增取水许可);强化了奖惩措施,将水资源承载能力评价结果纳入最严格水资源管理制度考核。

三是实行最严格水资源管理制度考核。2013 年,制定了《实行最严格水资源管理制度考核办法》,将水资源开发利用红线、用水效率红线、重要水功能区限制纳污红线指标完成情况作为考核内容,并将各指标分解至各县(市、区),形成了 2015 年和 2020 年各县(市、区)考核指标。目前正在制定 2025 年的各县(市、区)用水指标分解工作。

四是制定了《宁夏回族自治区水资源论证管理办法》,为严格水资源管理,保障涉水规划和建设项目取用水,促进水资源的优化配置和可持续利用提供制度支撑。督促指导全区 23 个工业园区开展规划水资源论证。

2.强化取用水管控

一是进一步明晰了水资源管控指标,通过水权制度改革,形成了区、市、县三级初始水权控制体系、最严格的水资源管理控制指标体系和农民用水者协会相结合的管理模式。宁夏水流确权试点改革率先通过国家评估验收,并将水权交易纳入自治区公共资源交易体系,在全国尚属首家。

二是开展了用水总量指标分解工作,将用水指标分解至各县(市、区),并通过水权制度改革,将初始水权指标分解到各用水户,形成了区、市、县三级初始水权控制体系。

三是 2019 年 2 月,自治区水利厅对 2014 年发布实施的《宁夏农业灌溉用水定额》进行第 4 次修订,并开展各类作物灌溉用水、灌溉制度等实地调查和数据采集工作,对优势特色作物的灌溉方式、灌溉定额、产量及用水管理进行综合调查、分析与评价。整编汇总相关区域灌溉试验研究成果与结论,利用气象数据对当地作物需水量进行理论计算,通过不同方式互相验证,推荐符合当地生产实际的作物灌溉用水定额。针对工业用水定额的修订,初步将自治区涉水的工业企业产品类别进行了划分。

3.落实节水优先,推进产业结构调整升级

一是率先在全国开展节水型社会试点建设。出台了《宁夏节约用水条例》《宁夏水资源管理条例》《宁夏节水型社会建设管理办法》等一系列地方性节水法规章政策,确立了各级政府推动节水型社会建设的主体地位,明确了有关部门职责,建立了目标责任考核制度。出台了《宁夏节约用水奖惩暂行办法》,明确对节约用水的县(市、区)、企业、公共机构等进行奖励,将节水与增效挂钩,促进了工业企业和城乡服务业用水节约。

二是适时开展节水标准的制定和修订,始终把节水贯穿经济社会发展各方面和全过程,以农业节水为主体,以现代化节水灌区建设为重点,强化最严格水资源"三条红线"管控,扎实开展水资源消耗总量和强度双控行动。

三是积极落实"四大节水行动",以"农业节水领跑、工业节水增效、城市节水普及、全民节水文明"四大节水行动为引领。农业上,坚持以水定规模,严格控制水稻等高耗水作物种植面积,加快灌区节水改造与续建配套,规模化发展以滴灌、喷灌为主的高效节水灌溉。工业上,下达节水型企业建设任务,积极推进水重复利用、循环使用、废水处理回用。全区新建火电厂全部采用空冷技术,新建热电厂生产用水基本采用城市中水。生活上,大力开展节水型城市、县(区)、公共机构建设。

4.运用市场手段,发挥价格税费杠杆调节作用

一是健全用水价格形成机制。稳步调整城市水价,5 个地级市、18 个县(区)实行了

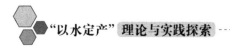

阶梯水价。三次调整农业水价,实行"一价制"水价政策和"一票制"的收费方式。四次调整水资源费,探索符合经济社会现状的征收标准。

二是稳步推进水资源税改革。2017年12月1日,按照国家总体部署,启动水资源费改税试点,制定了水资源税标准,有力地强化了取水许可、计划用水和定额管理制度的落实,推动了水资源精细化管理。水资源税改革实施以来,截至2018年12月31日,共组织入库水资源税3.4亿元,较2017年水资源费增幅为118%。与水资源费相比收入增长较为明显。同时社会各界节水意识普遍增强,积极采取技术革新、维修管网、水资源循环利用等多种措施加强取用水管理,主动调整用水结构,降低用水成本。2018年,全区万元地区生产总值用水量177 m³,比2017年降低7.3%;全区工业用水量4.34亿 m³,比2017年减少1700万 m³,万元单位工业增加值用水量比2017年降低11%,用水效率进一步提高。2020年4月1日,宁夏成为全国水资源税征收通用系统部署和试运行的第一个省区。

三是积极开展水权交易。初步形成了新增用水项目必须通过有偿交易获得水权的意识,实现了过去向政府"要水",现在到市场"找水"的转变。在利通区、红寺堡区、贺兰县、中宁县、惠农渠灌域等地开展了水权交易试点,探索开展了行业间、区域间、用水户间等多种形式的水权交易。2019年,交易水量201.69万 m³,交易金额1352.47万元。

5.探索完善奖励补贴机制

一是组织研究制定非常规水资源利用办法,修订节水奖励实施办法,从政策上鼓励企业节水和废污水处理回用,加大节水奖励及补贴力度,特别是对"零排放"企业加大节水补贴和奖励。

二是探索水资源税优惠鼓励政策,根据"取之于水、用之于水"的原则,将水资源税、超计划加价水费等资金,用于补贴工业节水关键技术示范推广、技术改造、水权交易等。

三是探索实施政府买单,通过开展园区(开发区)水土保持方案编制、防洪影响评价"区域评"改革,实施园区小型企业及建设项目打包水资源论证,园区政府买单等方式,减轻企业负担。探索水权转换经费减免政策,由政府对企业予以补贴或买单。

四是探索水权入股方式,拓宽企业融资渠道。搭建平台,支持水权转让方和受让方将水权作为证券化融资产品,实现资源的优化配置,降低企业一次性投资成本。

五、新疆维吾尔自治区

(一)基本情况

1.水资源概况

2022年,新疆全区全年总用水量120.85亿 m³。其中:农业用水量110.48亿 m³,工业用水量 2.06 亿 m³,生活用水量 2.82 亿 m³。截至 2022 年末,已建成水库 145 座,总库容 34.36 亿 m³。其中:大型水库 11 座,中型水库 32 座,小型水库 102 座。已建成水电站 93 座,水闸 6692 座,农村集中式供水工程 759 处,机电井 29515 眼,堤防(1~5 级)长度 2530.57km,2000 亩以上灌区 87 处,0.2m³/s 以上灌溉渠道总长度 32657.7km。

2.产业情况

2022 年,全年实现地区生产总值 17741.34 亿元,比上年增长 3.2%。其中:第一产业增加值 2509.27 亿元,增长 5.3%;第二产业增加值 7271.08 亿元,增长 4.8%;第三产业增加值 7960.99 亿元,增长 1.5%。第一产业增加值占地区生产总值比重为 14.1%,第二产业增加值比重为 41.0%,第三产业增加值比重为 44.9%。全年人均地区生产总值 68552 元,比上年增长 3.3%。

(二)主要做法

1.强化规划管控

积极开展《全疆水安全战略规划》和《"十四五"水安全保障规划》编制。同时进行《新疆中型灌区续建配套与现代化规划》(实施方案)专项规划编制工作。积极争取水利部和国家发展改革委大力支持,将全疆中型灌区纳入国家规划中,并在"十四五"期间给予大力支持。2016—2019 年,实施了 11 个大型灌区和 42 个中型灌区续建配套与节水改造工程,累计改造渠道 4856.82km,改善灌溉面积 1356.06 万亩。

2.分解落实"三条红线"控制指标到州(市、地)和兵团各师、县(市)、团场(农场)

一是按照《国务院关于实行最严格水资源管理制度的意见》(国发〔2012〕3 号),2013 年,自治区研究制定了《新疆实行最严格水资源管理制度"三条红线"控制指标分解方案》。自治区成立兵地"三条红线"控制指标分解工作督导组;各地成立了由地方、兵团师水利局主要领导组成的分解领导小组和专项技术工作组。2013 年,自治区人民政府印发《关于实行最严格水资源管理制度落实"三条红线"控制指标的通知》,将下达全疆 2015 年、2020 年、2030 年用水总量、用水效率和水功能区达标率控制指标分解到 14 个州(市、地)和兵团各师;2015 年,各州(市、地)和兵团各师全部完成控制指标分解到县(市)、团场(农场)的工作。

二是抓好《新疆用水总量控制方案》逐级分解落实工作。2017 年 12 月,自治区人民政府批复了《新疆用水总量控制方案》。根据《新疆用水总量控制方案》,各州(市、地)及兵团各师开展将用水总量控制指标、用水效率控制指标、灌溉面积退减指标等细化分解到乡(镇)、团(镇)和河流水系工作。

二是完成自治区、地(州、市)、县(市、区)三级行政区域用水强度控制体系指标分解工作。将用水总量、效率指标纳入最严格水资源管理制度考核,基本实现计划用水管理。自治区人民政府印发《关于加强城镇污水再生利用工作的指导意见》,加快推进非常规水源开发利用工作;全区设市城市公共供水管网平均漏损率为 9.46%;全区建成投运城镇生活污水处理厂 111 座,污水再生利用管网 890.54km;全年非常规水源利用量为 1.94 亿 m³。

四是将用水总量分解到县(团),明确了各地节水和退地减水任务。强化源头防控,系统推进水生态保护、水污染防治。不断加强取用水管理,加快节水工程建设,实行最严格水资源管理制度年度考核,并将考核结果纳入各级政府绩效考核。开展地下水取水设施排查,推进井电双控设施安装,持续进行非法开采地下水资源联合专项整治行动,地下水超采区治理工作全面展开。

3.全面落实规划和建设项目水资源论证

一是全面落实规划和建设项目水资源论证制度,实行决策"一票否决"。对超采地区实行新增取用水限批,建立超用水量退减机制。基本摸清全区机井底数,持续推进非法机井整治。开展全区机井摸底,建立机井台账制度,地方备案 106815 眼。2018—2019 年,非法开采地下水专项整治共关停机井 3700 多眼。兵团开展"工程清"工作,关闭机井近 3000 眼。例如,昌吉州水利局与发展改革委联合印发了《关于严格落实将水资源论证作为涉水项目申报审批前置条件的通知》,将水资源论证批复文件作为各类涉水建设项目审批、核准、备案的前置支撑性要件;出台《昌吉州建设项目水资源论证报告表(试行)》,进一步规范水资源论证;严格执行自治区《关于规范农业取水许可管理工作的通知》,将《灌区取用水评估报告》作为农业灌区核发取水许可的依据,科学核定许可水量。

二是编制完成《新疆水资源平衡论证报告》。2015 年,国家发展改革委以发改办农经〔2015〕2059 号文批复了《新疆水资源平衡论证报告》。

三是按照《实行最严格水资源管理制度考核办法》(国办发〔2013〕2 号),自治区印发了《自治区实行最严格水资源管理制度考核方案(试行)办法》(新党办发〔2015〕32 号),制定《新疆实行最严格水资源管理制度考核办法》及考核评分和技术细则。

4.优化调整产业用水结构

一是细化分解和贯彻落实国家节水行动方案各项目标任务。自治区人民政府印发《新疆节水行动实施方案》(新政办发〔2019〕125 号),完善节水标准和定额指标体系,全面开展规划和建设项目节水评价工作,建立完备的计量监测体系;加快节水型社会建设,加大节水宣传力度,提高全民节水意识。

二是推进节水由农业节水"一点突破"向建设节水型社会转变,按照"稳粮调棉,优果兴畜"的思路,进一步优化农业结构。北东疆以调整社会一、二、三产用水结构,全面提升水利用效率"两手发力"转变;南疆地区以提高农业用水效率,合理配置社会用水转变。

三是制定下发《新疆维吾尔自治区农业高效节水工程建设补助资金管理办法》(新财农〔2015〕11 号)。结合南疆实际,制定下发《新疆维吾尔自治区南疆四地(州)田间高效节水项目建设管理办法(试行)》(新水农水〔2016〕6 号)。自治区人民政府成立自治区农业节水工作领导小组(新政政办发〔2017〕146 号),印发《关于新疆维吾尔自治区"十三五"高效节水灌溉总体方案的批复》(新政函〔2017〕214 号),方案明确要求全疆在"十三五"期间新增高效节水灌溉面积 1200 万亩,到 2020 年全区农业高效节水灌溉面积要达到 4300 万亩以上的目标任务。2012 年至 2018 年底,全疆共建设高效节水灌溉面积 2008 万亩,累计投入资金 116.62 亿元,农田灌溉水有效利用系数由 0.499 提高到了 0.546,灌溉用水定额由 1000m³/亩降到 600m³/亩。

5.实施退地减水优化农业种植结构

自治区人民政府成立了自治区退地减水工作领导小组(新政办函〔2019〕241 号),自治区党委常委、自治区副主席亲自挂帅任组长,成员由各有关单位负责同志组成。组织开展《新疆退地减水工作实施方案》的编制工作,印发《新疆退地减水工作实施方案工作大纲》,要求各州(市、地)、县(市)将退减灌溉面积指标进一步落实至地块坐标,明确界定退减面积土地的属性。为促进各地(州、市)及县(市)退地减水工作的落实,将退地减水目标纳入自治区实行最严格水资源管理制度考核指标。

减水方面:2016—2019 年新疆用水总量控制目标分别为 574.3 亿 m³、567.5 亿 m³、561.1 亿 m³、554.6 亿 m³,实际总用水量分别为 565.3 亿 m³、552.3 亿 m³、548.8 亿 m³、554.43 亿 m³,超额完成了减水目标,提前实现用水总量控制指标。退地方面:2016—2019 年南疆计划退减灌溉面积 62.4 万亩、62.4 万亩、62.8 万亩、62.6 万亩,实际上报四年完成退减面积分别为 70.67 万亩、49.7 万亩、65.2 万亩、62.57 万亩,基本完成了退减目标任务。例如,昌吉州结合自治区退地减水工作大纲,成立领导小组,出台落实退地减水工作实施方案,按照"先非法后合规、先国有后集体、先连片后零散、先井灌后河灌"原则,优先退减集中、连片国有农用地纯井灌区,实现 2020—2030 年累计退减 135.8 万亩,确保退地减水措施落地见效。

6.培育水市场强化用水需求管理

一是明晰水权创条件,搭建平台畅通道。开展农业用水初始水权分配登记,赋予农业初始水权的财产权属性。二是改革水价提效益,节水奖补建机制。严格落实水资源有偿使用制度,征收水资源费,建立工业反哺农业、城市反哺农村的补偿约束机制,按照"节奖超罚"的原则,在实施超定额累进加价等"惩罚性"水价的同时,对用水者节水进行奖

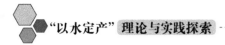

励,通过价格杠杆促进节水。三是改革产权促长效,完善协会强管理。例如,按照建立"产权明晰、责任明确、管理民主"的原则,昌吉州通过民政部门注册登记农民用水户协会210个,有10多万农户自愿参与,控制面积568万亩。通过水权水价改革,弥补水资源匮乏短板,在农业、工业、城镇多方争水的博弈中,政府搭建交易平台、采取回购、"水银行"调节,实现政府主导下的水资源优化配置和宏观调控,不断培育水市场,打开农业节水支持工业、城市用水的通道,建立工业反哺农业、城市反哺农村的补偿机制。

第四章 华北地区"以水定产"的实践探索

第一节 华北地区概况

一、自然地理

华北地区面积为 83.81 万 km^2,约为全国总面积的 8.73%;人口 16933.41 万,约占全国总人口的 11.99%(基于 2021 年第七次人口普查数据)。华北地区为暖温带半湿润大陆性气候,四季分明,光照充足;冬季寒冷干燥且较长,夏季高温降水相对较多,春秋季较短。气温日较差和年较差较大。北部及西部地区位于内陆,降水较少,年均降水量小于 500mm,降水量呈由南向北、由东向西递减的趋势。

华北地区行政区划概念下,一般包括北京、天津、河北、山西、内蒙古中部(锡林郭勒盟)等。从总体上看,京津冀地区与山西、内蒙古在水资源禀赋情况、经济社会及产业发展方面差异较大,本书主要聚焦京津冀地区开展研究。

二、经济社会发展概况

华北地区经济发展平稳,经济水平在我国七大地区中处于中间位置。经济总量上,华北地区生产总值从 2011 年的 76765 亿元增加至 2020 年的 121405.16 亿元,增长了约 58.15%。2020 年,华北地区生产总值约占全国国内生产总值的 11.95%。其中:第一产业 7169.66 亿元,占地区生产总值的比重为 5.91%;第二产业 38661.12 亿元,占地区生产总值的比重为 31.84%;第三产业 75574.18 亿元,占地区生产总值的比重为 62.25%。人均地区生产总值达 71695.64 元。

京津冀地区以核心城市为引领,依托集聚辐射作用,实现整个地区协调发展。北京市是国家首都,承担着国家政治、文化、科学教育、国际交往等职能。另外,北京已步入后工业化社会,在创新、金融、商务、信息、教育文化,以及其他高端服务业等方面具有难以匹敌的优势。以北京为龙头,对外吸引国际高端要素聚集、提升国际地位和功能,对内优

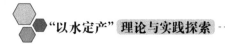

化区域资源配置、疏解中心城区与其经济社会发展阶段不相适应的功能,引领整个城市群实现全面协调可持续发展。

天津市是国际港口城市和北方经济中心,在京津冀地区城市体系中既是发展较为成熟的中心性城市,同时也能辅助北京完善首都的城市职能。目前,天津已步入工业化后期且具有优越的区位条件,在港口贸易、生产性科技研发、现代制造、物流等方面具有独特的优势。另外,该市在依托本地优势领域的金融、信息、商务、会展等高端服务业方面也具有培育潜力。

河北省近年来坚持以疏解北京非首都功能为"牛鼻子",落实"三区一基地"功能定位,努力在对接京津、服务京津中加快发展。特别是"十三五"时期,经济结构实现重大转变。坚持巩固、增强、提升、畅通,深化供给侧结构性改革,坚决去、主动调、加快转,实施系列三年行动计划,大力推进农业提质增效、工业转型升级、服务业提效扩容,三次产业结构由 2015 年的 11.7∶43.7∶44.6 调整为 10.7∶37.6∶51.7,服务业占比突破 50%。粮食年产量稳定在 3500 万 t 以上,粮食安全得到有效保障。传统产业提档升级,重点行业化解过剩产能任务提前完成,粗钢产能由峰值时的 3.2 亿 t 压减到 2 亿 t 以内,"万企转型"成效显现,企业技术改造力度加大,超百亿元的省级重点县域产业集群达 48 个,传统产业产品附加值和市场竞争力进一步提升。

三、水资源禀赋特征

华北地区水资源时空分布差异大,据水资源公报统计数据,地表水资源量为 475.8 亿 m³,地下水资源量 407.3 亿 m³,地下水资源与地表水资源不重复量 262 亿 m³,水资源总量 691.4 亿 m³。北京、天津、河北、山西的人均综合用水量仅有 194m³、182m³、241m³ 和 204m³。华北地区属于温带季风气候,水资源时空分布不均,夏季高温多雨,冬季寒冷干燥,春冬季往往出现持续干旱,全年一半以上的降水集中在 7 月中旬到 8 月底的雨季。同时,这个时期正好处于蒸发量大的夏季,水分蒸发强烈,储存的降水很容易因蒸发而损失。快速的人口增长和工农业发展,加剧了水资源的紧缺。

京津冀地区水资源供需矛盾较为突出,人均水资源量仅为全国人均水资源量的 1/9,最近 10 年的年用水量均在 250 亿 m³ 左右。除了 2012 年外,其他年份产水量均小于用水量,资源性缺水问题十分突出。由于人口众多,高耗水行业企业大量存在,加上水的再生利用程度不高,除外流域调水之外,历史上包括近些年来超采地下水成为解决水资源供需矛盾的重要途径。随着 2015 年水利部组织编制并出台《京津冀协同发展水利专项规划》,综合采取华北地下水超采区综合治理,构建水资源统一调配管理平台,实行水量联合调度,积极探索多种的水资源利用方式等,节流开源,京津冀地区水资源水生态水环境得到显著改善和提升。

第二节　典型地区经验做法

一、北京市

(一)基本情况

1.水资源情况

北京市境内有五大水系:大清河水系、永定河水系、北运河水系、潮白河水系、蓟运河水系。全市多年平均降水量585mm,形成水资源量37.4亿 m^3。其中:地表水资源17.7亿 m^3,地下水资源19.7亿 m^3。1999年以来,北京持续干旱,人均水资源量仅为100 m^3 左右,是全国平均的1/20,世界平均的1/80;2014年底,南水北调江水进京后,人均可利用水资源量150 m^3 左右,仍远低于国际公认的人均500 m^3 的极度缺水标准。

2.产业情况

2022年,全年实现地区生产总值41610.9亿元,按可比价格计算,比上年增长0.7%。其中:第一产业增加值111.5亿元,下降1.6%;第二产业增加值6605.1亿元,下降11.4%;第三产业增加值34894.3亿元,增长3.4%。三次产业构成为0.3∶15.9∶83.8。按常住人口计算,全市人均地区生产总值为19.0万元。2022年,全年水资源总量25.67亿 m^3。年末大中型水库蓄水总量38.14亿 m^3,比上年末减少4.96亿 m^3。年末平原区地下水埋深15.64m,比上年末回升0.75m。全年生产生活用水总量24.56亿 m^3,下降1.7%。其中:生活用水量(包括服务业和居民家庭用水)16.20亿 m^3,下降0.2%;工业用水量2.29亿 m^3,下降2.4%;农业用水量2.61亿 m^3,下降7.4%。

(二)主要做法

当前,北京已进入转变发展方式的攻坚阶段,水的控制性要素特征在城乡发展中所起的关键性作用进一步凸显。在新型城镇化进程和推进生态文明建设过程中,在突出水的支撑保障功能的同时,更加重视水的约束引导作用,强化"量水发展"理念,把实施最严格水资源管理制度作为实现经济发展方式转变和推进生态文明建设的战略举措,把水资源承载能力作为支撑城市发展和人口规模的关键因素,促进首都水资源的可持续利用。近年来,北京市围绕落实首都城市战略定位、有序疏解非首都功能、推进京津冀协同发展,在落实"以水定产"方面进行了一些有益探索,水的约束引导和服务保障作用日益增强。

1.强化顶层设计

一是完善管理体制。北京市建立了由市政府主管秘书长牵头,市水务局、发展改革委、财政局、农委、规划国土委、科委、经济信息化委、质监局、园林绿化局、农业局和有关区政府为成员的联席会议制度,成立了"两田一园"高效节水工作联席会议办公室,设在市水务局,建立了10人工作团队,围绕高效节水工程建设、用水收费管理、农业水价综合改革等方面,专职推动全市农业高效节水工作。

二是完善法规制度体系。北京市印发了《北京市实行最严格水资源管理制度的意见》(京政发〔2012〕25号)、《北京市实行最严格水资源管理制度考核办法》(京政办发〔2015〕60号)、《北京市"十三五"水资源消耗总量和强度双控行动工作实施方案》(京水务资〔2017〕50号)等政策文件,严格实行行政区域和行业用水总量控制,并纳入各级政府和部门绩效考核。2012年起,市政府与全市16个区(县)人民政府每年签署《最严格水资源管理制度考核目标责任书》,将用水总量、万元地区生产总值水耗下降率等指标纳入了市政府对区(县)人民政府绩效考核体系。在节水创建方面,北京市人民政府发布了《关于全面推进节水型社会建设的意见》,从强化顶层设计、依法治水、行业节水、基础设施建设、综合施策等方面推进首都节水工作,力争到2020年,主要节水指标全国领先,部分指标达到国际先进水平,在全国率先全面建成节水型社会。

三是强化规划引导。北京市人民政府出台的《关于全面推进节水型社会建设的意见》、国务院批复的《北京市城市总体规划(2016—2035年)》,均明确了到2020年经济社会用水总量控制在43亿m³、农业用水总量控制在5亿m³左右(其中农业灌溉用水4.5亿m³左右)的目标。全市划定了粮田84万亩、菜田62万亩以及鲜果果园100万亩的农业生产空间布局,明确以年用水量每亩设施作物500m³、大田作物200m³、果树100m³为基础的用水限额管理。此外,强化规划和建设项目水资源论证,将"建设项目水资源论证(评价)报告审批""生产建设项目水土保持方案审批""非防洪建设项目洪水影响评价报告审批"3项行政许可整合为"水影响评价审查"1项,并作为建设项目立项的前置条件,目前已在全市全面实施,2015年以来审查3000多项,核减新水用量3000万m³。

2.强化重点领域节水

在以水定产方面,北京市按照工业用新水零增长,农业用新水负增长的要求,疏解高耗水落后产业,发展高精尖产业结构。

一是工业节水方面,落实疏解非首都功能,颁布产业用水限额标准,对高耗水行业实行市场禁入,出台《北京市新增产业的禁止和限制目录》《北京市工业污染行业、生产工艺调整退出及设备淘汰目录》,要求按照《北京市工业污染行业、生产工艺调整退出及设备淘汰目录》退出不符合要求的工业企业,新引入企业必须符合《北京市新增产业的禁制和限制目录》。推进清洁生产,退出高耗水、高污染和高耗能企业,发展低耗水、高附加值的现代产业,建设亦庄节水示范园区。截至2017年底,清理淘汰1981家一般性制造业和污染企业,连续多年实现"工业用新水零增长"。

二是农业节水方面,市委市政府在深入调研、统筹工程节水、管理节水、农艺节水、科技节水的基础上,出台了《关于调结构转方式发展高效节水农业的意见》(京发〔2014〕16号)。推动"细定地、严管井、上设施、增农艺、统收费、节有奖"节水新模式落地生根,开花结果。"细定地",划定农业生产空间250万亩,严格用水限额管理;"严管井",严格两田一园内2.2万眼机井用途管制、水量管控;"上设施",新增改善高效节水灌溉设施30万亩,农业节水灌溉率达到96%;"增农艺",推广地膜覆盖、雨水集蓄、防草布、生物防治、水肥一体化等农艺技术,控制农业污染;"统收费","两田一园"内1988个安装了精准计量设施的村庄中,有1762个完成水价综合改革,按用水量收费;"节有奖",每年市级发放管水员补贴资金1亿元左右,发放田间节水运行补贴1500万元。2017年,全市粮田种植面积100万亩,比2013年减少74万亩,减少43%,其中,冬小麦播种面积为14万亩,比2013年下降30多万亩。

三是生活节水方面,组织各区进行节水器具换装,在城镇地区已基本普及节水器具的基础上,提出将水效2级以上的高效节水器具作为推广的重点,累计推广换装高效节水器具80万套以上。开展节水器具质量提升行动,要求居民家庭及公共服务业应推广应用符合《节水型生活用水器具》(CJ/T 164—2014)相关要求的节水型生活用水器具,联合市发展改革委等五部门向社会发布节水型生活用水器具推荐表;联合市商务委将高效节水坐便器、淋浴器纳入节能减排补贴范畴,市民购买目录内的节水产品可享受20%的补贴。

3.完善工作机制

一是注重用水计划管理。根据区域功能定位和行业可持续发展的要求,按照"生活用新水适度增长、环境用新水控制增长、工业用新水零增长、农业用新水负增长"的原则,科学核定行政区域和行业用水总量控制目标,逐级分解用水总量指标,全面实施北京市用水计划范围,包括工业、农业、公共生活、城市河湖以及居民家庭的全口径用水管理。严格计划用水定额管理,全市近3万用水户全部纳入用水计划管理,实行责任制考核和绩效管理,对计划指标执行情况按双月考核。对用水单位出现的异常用水现象及时提醒,2012—2017年,共收缴超计划累进加价费4695.1万元。严格落实街乡用水统计工作,加强用水变化成因分析和质量督查,不断提升统计数据质量,为非首都功能疏解提供数据支撑。

二是注重用水过程管理。建成了北京市节水管理综合信息平台,对主要行业用水单位用水计划执行情况、用水效率实行全过程监控管理。充分利用远程监测技术,加强基础数据的采集,建设远传水表监测系统。目前城区重点用水单位自备井取水基本实现了远程监测,远传水表数据回传率90%以上,基本达到了水量信息实时监测的目标。

三是注重标准定额建设。推行更为严格的节水标准,出台了《城镇节水评价规范》

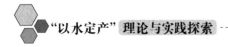

《公共生活取水定额》等20多项节水技术地方标准,编写了中小学、写字楼、宾馆、医院等《城镇节水评价规范》,推进高校节水型单位创建工作,严格定额标准,将高校取水定额由原55.2m³/(人·a)调整为50.5m³(人·a)。

四是注重提高节水意识。加大节水执法监察力度,对无证取水和浪费水的行为严厉惩处,对浪费水资源和破坏节水设施的不良行为公开曝光,持续推进全社会树立依法用水、依法节水观念。依托节水展室展馆以及首都大专院校、中小学校、科研院所相关资源,建设公众节水教育基地,不断壮大节水护水志愿者队伍,大力开展节水减排公益活动,广泛普及节水知识,引导和动员社会各界积极参与节水型社会建设。通过网络、电视、报纸、移动客户端、微信、微博等多种媒介,持续开展节水"七进"(进机关、进部队、进乡村、进企业、进校园、进社区、进家庭)活动,进一步培育和强化公众节水、惜水、护水的自觉意识,努力让节水成为生产生活方式"新常态"。发挥新媒体的宣传优势,建立"水润京华""北京节水执法"微信平台,利用新媒体营造节水社会氛围。成立节水护水志愿者服务队,创立"节水大讲堂"服务品牌,该项目荣获第四届中国青年志愿服务项目大赛金奖。

五是注重非常规水利用。2017年,再生水利用量已经突破10.5亿m³,占全市用水总量的25.9%,成为全市稳定的"第二水源"。污水处理厂升级改造和再生水厂建设,不仅从源头上减少了水环境污染,而且提供了生态用水,全市累计建成再生水管线114km。2017年,全市河湖再生水用量9.27亿m³,水环境得到明显改善。结合城镇开发建设、老旧小区改造、中小河道治理及农村环境整治,建设下凹式绿地、铺装透水砖,全市雨水利用工程达2600余处,综合利用能力达到6800万m³,为推进"海绵城市""海绵家园"建设、改善城区生态环境奠定了坚实基础。通州区2016年4月成为国家海绵城市建设试点区,年收集雨水0.55万m³、减少雨水外排4.75万m³。

4.强化市场手段运用

2014年5月,出台了《关于调整北京市非居民用水价格的通知》《关于北京市居民用水实行阶梯水价的通知》等文件,全面提高水资源费、自来水费、污水处理费收费标准;居民生活用水首次实施阶梯水价,特殊行业用水水价大幅度提高,统一调整为160元/m³。2016年开始,首次实行城六区与其他区域差别化非居民水价政策。水价调整以来,中心城区每户月均用水量下降了2.19%,洗车、洗浴等特殊行业新水用量同比下降了20%以上,价格杠杆的市场调节作用充分显现。出台了《关于推进北京市财政支农专项转移支付改革试点工作的通知》《关于印发〈北京市水资源税改革试点实施办法〉的通知》等文件,通过财政转移支付、税费经济措施,推进节约用水。北京市作为9个实施扩大水资源税改革试点的省市之一,自2017年12月1日起开征水资源税。

二、天津市

(一)基本情况

1.水资源概况

天津市供水水源包括地表水、外调水、地下水和非常规水。外调水包括引江水和引滦水;非常规水包括再生水和淡化海水。

引滦水:在75%保证率下天津从潘家口大黑汀水库分水10亿m³,95%保证率分水6.6亿m³,扣除输水损失后入市净水量分别为7.76亿m³和5.21亿m³,由于华北地区连年干旱,加之水质不稳定,2018年全市引滦调水量仅3.26亿m³。

引江水:多年平均分配给天津市水量为10.15亿m³,天津干线末端收水8.63亿m³。由于引滦水的水质不稳定,为保障城市生活供水和生态环境用水,经积极协调争取,全市的引江水利用量已经突破了分配水量,2018年引江调水量达11.04亿m³。

地下水:全市地下水资源量5.9亿m³,可利用量4.5亿m³,全部为浅层地下水。深层地下水不作为水资源,开采即属于超采。20世纪70年代以来,全市地下水开采量快速增加,至80年代初最高达到10.38亿m³,超采严重,引发了地面沉降等环境地质问题。随着引滦入津和南水北调中线工程建成,为全市提供了稳定的城市供水水源,全市大力压采深层地下水,深层地下水开采量从2001年5.72亿m³降至1.50亿m³,但目前深层地下水仍处于超采状态,范围涉及除蓟州区外的所有区,总面积达9440km²,占市域面积的79.2%。

当地地表水及入境水:当地地表水及入境水多年平均径流量27亿m³左右,经过调蓄,正常年份可供水量约10亿m³,全部供农业生产和生态环境用水。

再生水:全市现有污水处理厂110座,污水处理能力333.5万m³/d,年污水处理量10.95亿m³,目前全市按照天津市《城镇污水处理厂水污染物排放标准》(DB 12599—2015)对110座污水处理厂进行了提标改造,出水水质主要指标可达《地表水环境质量标准》(GB 3838—2022)Ⅳ类,全部用于生态环境和农业灌溉。在运行的深处理再生水厂12座,规模40.9万m³/d,深处理再生水主要供工业、城市杂用和景观环境。2018年,全市再生水利用量4.14亿m³,其中包含深处理再生水用量0.56亿m³。

淡化海水:建成海水淡化项目3个,分别是北疆电厂、大港新泉、大港电厂,海水淡化规模30.6万t/d。其中,北疆电厂淡化规模20万t/d,主要供玖龙纸业生产用水,少量通过管网输送至开发区泰达水厂、塘沽新区水厂与原水掺混后供居民生活用水。大港新泉海水淡化规模10万t/d,主要为天津石化百万吨乙烯项目配套水源。大港电厂海水淡化规模0.6万t/d,主要供电厂自身用水。2018年,全市淡化海水利用量0.41亿m³。

根据全市各种水源水量、水质情况确定了多水源配置原则。高效利用引江、引滦外调水,主要配置于城乡生活和工业生产,兼顾城市生态。合理开发地表水(充分开发利用汛期雨洪水和境外客水),主要用于农业生产和生态环境。强力压采地下水。充分利用再生水,深处理再生水主要用于工业和市政杂用,粗处理再生水主要用于生态。适度发展淡化水,主要用于滨海新区高耗水产业,以工业点对点直用为主,同时作为城市补充水源和战略储备。

2.产业情况

现代都市型农业升级发展效果显著。农业供给侧结构性改革深入推进,市政府与农业部签订的推进落实《京津冀农业协同发展战略框架协议》全面完成,全市农业现代化水平显著提高。农业产业结构不断优化,农作物品种不断调优,小站稻种植面积由30万亩增加到80万亩,畜牧业和渔业向绿色化、标准化、规模化方向发展。粮食和重要农产品产能建设持续增强,全面完成粮食生产功能区和基本保障型蔬菜生产功能区划定,建成高标准农田370.1万亩,粮食综合生产能力保持在200万t以上,蔬菜、肉类、禽蛋、牛奶等"菜篮子"产品自给率在大城市保持较高水平。"质量兴农"和"品牌强农"战略大力实施,具有较高知名度和市场竞争力的市级以上农产品品牌达到170个,地产农产品抽检合格率达到98.68%,全市整建制建成"农产品质量安全市"。农业技术装备和科技创新能力持续提升,农业科技进步贡献率达到68%,农作物耕种收综合机械化率达到90.15%。现代种业创新发展,培育了水稻、花椰菜、黄瓜、肉羊等一批优势品种,认定农作物种子(苗)生产基地24个,畜禽水产良种繁育基地50个。农业信息化水平不断提高,建成3318个益农信息社,智能农业研究院落地天津。农村改革不断深化,3628个村集体经济组织改革全面完成,农村产权流转交易市场体系全面建立,全面完成承包土地确权颁证,多种形式土地适度规模经营比重达到65%以上。

乡村产业融合发展取得新突破。现代农业产业园、优势特色产业集群、农业产业强镇、创新创业园区和基地等产业融合载体建设取得新进展。休闲农业、农产品加工、流通产业加快发展,培育认定22个市级休闲农业示范园区和258个市级休闲农业特色村点,休闲农业和乡村旅游接待人数达到1700万人,规模以上农产品加工产值与农业总产值之比达到3.7∶1。京津冀都市圈1小时鲜活农产品物流圈加快构建。以牛顿庄园等为代表的众筹农业、定制农业、电商农业等农业新业态加快培育。农业经营主体发展壮大,市级以上农业产业化龙头企业达到146家、家庭农场总数超过1万家、合作社达到1.13万家。农业对外合作扎实推进,对口支援工作和一批涉外重点农业项目取得新成效。

工业调结构、夯基础、育动能。以供给侧结构性改革为主线,加快构建以智能科技产业为引领的现代工业产业体系,全力推进全国先进制造研发基地建设,工业高质量发展态势加快形成。2020年,全市工业增加值达到4188亿元,占全市生产总值比重的

29.8%,"十三五"期间年均增长 3.6%,工业发展呈现积极发展态势。一是产业结构改善明显,工业战略性新兴产业增加值占规模以上工业比重的 26.1%,比"十二五"末提高 8.6个百分点,高技术产业(制造业)增加值占规模以上工业比重达到 15.4%。二是产业创新能力持续提升,国家级企业技术中心 68家,国家技术创新示范企业 22家,培育国家级制造业单项冠军 9家、工业设计中心 3家、服务型制造示范企业 11家。三是重大工业项目加快建设,"十三五"时期全市工业固定资产投资年均增长 5.6%,实施 5000万元以上工业投资与技改项目 1300项,累计投资 5400亿元,为工业经济增长提供了有力支撑。四是"两化融合"深入推进,智能制造财政专项资金累计支持五批项目 1726个,安排资金 52.1亿元,形成 1:20的放大带动效应,建成丹佛斯、海尔 5G工厂等 102个智能工厂和数字化车间。累计建成 5G基站 2.4万个,移动、固定宽带下载速率双双跃居全国第 3位。培育了紫光云、中汽研、宜科电子等一批行业工业互联网平台,上云工业企业超过 6000家。

服务业经济拉动作用明显,主导地位持续巩固。"十三五"以来,天津市服务业规模日益壮大,综合实力不断增强。2020年,全市服务业增加值实现 9069.47亿元,占全市生产总值的比重达 64.4%,较"十二五"末增长 7.2个百分点,优势地位进一步巩固。经济拉动作用明显。"十三五"期间服务业增加值年均增长 5.1%,高于全市生产总值增速 1.3个百分点。市场活力更加凸显。2020年,全市新增服务业市场主体 22万户,占全市新增市场主体的 85.9%。服务业成为全市新增市场主体的主力军和新动能的主要来源。

(二)主要做法

1.推进产业结构调整升级

天津市在京津冀协同发展中的定位,是一个基地三个区,即全国先进制造研发基地、国际航运核心区、金融创新示范区、改革开放先行区。产业结构当中,钢铁、冶金、石化等传统产业一直占有相当高的比重。近年来,传统产业出现了增长乏力、增速变缓的普遍情况,为此,天津市积极推动传统产业转型升级,实现新旧动能的接续转换,培育新的增长动能。天津市推动传统产业转型升级的专项规划,聚焦传统企业向智能化、数字化、绿色化的转型升级的痛点难点,开展全方位支持,积极推动传统产业生产制造环节高端化发展。围绕"制造业立市、制造业强市"的发展规划,调整布局方向,向高端装备制造、新能源、新材料以及现代服务业等产业聚集。"十三五"时期产业结构改善明显,工业战略性新兴产业增加值占规模以上工业比重的 26.1%,比"十二五"末提高了 8.6个百分点,高技术产业(制造业)增加值占规模以上工业比重达到 15.4%。

"十三五"时期农业产业结构也得到不断优化,农作物品种不断调优,粮食和重要农

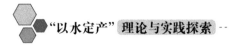

产品产能建设持续增强,全面完成粮食生产功能区和基本保障型蔬菜生产功能区划定,建成高标准农田 370.1 万亩,粮食综合生产能力保持在 200 万 t 以上。以资源和环境承载能力为基础,调整优化养殖业区域布局和产业结构,严格依法依规落实限养区、禁养区管理要求,实现养殖业布局与土地、资源、环境、经济社会发展相协调。发展现代都市型畜牧业,发挥区域比较优势,优化养殖布局,适度发展环城特色养殖、远郊生态养殖,提升畜产品供给保障能力。

2.完善水资源管理制度体系

2021 年 7 月,天津市十七届人大常委会第二十八次会议审议通过了《天津市人民代表大会常务委员会关于修改〈天津市节约用水条例〉等三部地方性法规的决定》,涉及《天津市节约用水条例》《天津市城市供水用水条例》和《天津市实施〈中华人民共和国水法〉办法》三部地方性法规。推进建设节水型城市和节水型社会。在完善节约用水和水资源保护的管理制度方面,明确实行用水总量和用水强度"双控"制度。

3.强化各行业节水

推进农业节水增效,基本完成 26 万亩高标准农田建设项目,新增高效节水灌溉面积 3 万亩;开展冷棚西瓜和春小麦滴管水肥一体化技术示范,示范面积 200 亩;组织开展深松作业面积 7 万亩。

加快工业节水减排,引导钢铁、石化等重点行业企业采用工业节水技术、工艺和装备;开展工业企业水效领跑者示范培育;组织推荐天津鲲飞环保科技有限公司"循环冷却水排污水回用节水智能化装置"申报国家工业节水工艺技术装备目录。

加强城镇节水降损,完成对全市 16 个行政区 1133 户居民小区用水器具现场抽查;开展节水型企业(单位)、居民小区等节水型载体培育,2020 年,天津市共计创建完成 103 家节水型企业(单位)、136 个节水型居民小区,达到了良好节水工作效果;推进县域节水型社会达标建设,完成水利部对蓟州等五个区复核;完成供水旧管网改造 2.97km;开展"光瓶"行动和"滴水是金,节水为津"节水主题宣传,营造节约用水的良好社会风尚。例如:幼儿园通过小手拉大手教育活动,使孩子从小养成了良好的生活习惯;中学通过蔬菜试验田浇水,教育学生科学、合理、节约用水。

4.严格用水管控

严格水资源承载能力刚性约束,天津市国土空间总体规划已形成阶段成果,编制完成《区级国土空间总体规划技术要点(试行)》,各区均已完成总规阶段方案;新改(扩)建项目严格执行建设项目水资源论证制度,落实用水统计调查制度。加强地下水监测,做好国家地下水监测工程和水资源监控能力系统运行维护;城市和工业用水严格按照国家技术标准安装计量设施,农村地区暂不具备安装用水计量设施条件的,推动各区落实

"以电折水"相关工作,实现用水计量。调整农业生产结构,继续开展耕地轮作休耕制度试点工作,在武清、宁河、静海、滨海新区4个区开展试点工作,完成轮作休耕2万亩。

5.充分发挥税收杠杆作用

为充分发挥税收杠杆作用,合理调节用水需求,提高用水效率,促进水资源节约集约利用和生态环境保护,推动形成绿色发展方式和生活方式,天津市自2017年12月1日起,纳入全国第二批试点地区,施行水资源税改革试点。全市水资源税改革试点本着税费平移原则,将水资源费的费率降为零,改为征收水资源税。改革维持水资源费缴纳义务人、征收对象、计征依据等基本要素不变,对居民和一般工商业税额标准基本保持不变,不增加正常生产生活用水负担。同时,通过设置差别税额、依法加强征管,达到抑制地下水超采和不合理用水需求、调整优化用水结构的目的。为确保改革试点取得实效,市税务局与市水务局本着税收共治原则,联合市财政局、市发展改革委等多部门,通过采取联合发文、加大宣传、信息共享等多项措施,形成了天津市水资源税改革试点政策体系,营造了良好的征收氛围,建立了高效便捷的征管模式。自2017年12月1日实行改革试点,至2020年12月31日,全市共征收水资源税27.7亿元,水资源税改革试点后,全市地下水取水量呈逐年下降趋势,用水结构中公共管网取水比例逐年增加。

6.发挥价格调节机制作用

推进水价改革,印发《天津市超计划用水累进加价管理办法》,持续推进非居民用水超定额累进加价管理。按照国家发展改革委、住房和城乡建设部《关于加快建立健全城镇非居民用水超定额累进加价制度的指导意见》,2018年,市发展改革委、市水务局印发《关于建立天津市城镇非居民用水超定额累进加价制度实施方案(试行)的通知》(津发改价管〔2018〕499号),将城镇公共管网供水非居民用户全部纳入用水定额管理,对超定用水的加倍收取水费。正确引导非居民用户,特别是用水大户节约用水。2019年1月1日起,率先在机关事业单位、商场、宾馆、酒店等行业实行定额管理。同时,结合全市实际,将用水定额管理与计划管理相结合,科学推进用水管理,有效促进了全市节水减排。

7.绿色金融创新发展

近年来,中国人民银行天津分行大力推动天津市绿色金融创新发展。2017年,天津市金融局、人民银行天津分行等八部门联合印发《关于构建天津市绿色金融体系的实施意见》(津金融局〔2017〕23号),对天津市绿色金融体系的构建进行了系统规划。2018年开始,先后建立绿色贷款专项统计制度和地方性法人银行业存款类金融机构绿色信贷业绩评价制度,按季度对24家金融机构进行绿色信贷业绩评价,加强评价结果在央行金融机构评级中的运用,强化激励约束作用。2020年,中国人民银行天津分行制定出台《关于进一步推动天津市绿色金融创新发展的指导意见》(津银发〔2020〕183号),从健全

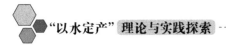

绿色金融组织体系、加快绿色信贷产品和服务方式创新、大力发展绿色债券市场等 10 个方面提出具体支持措施,推动地方绿色金融创新发展。同时,每年出台《天津市货币信贷工作指导意见》,引导金融机构不断加大对绿色低碳循环相关产业的信贷投放力度。截至 2020 年末,全市本外币绿色贷款余额 3449.16 亿元,较年初增加 379.09 亿元,增幅 12.35%,高于同期本外币各项贷款增幅 4.83 个百分点;2020 年,全市企业发行绿色债券 10 只,发行规模 75.55 亿元,发行数量和规模均相当于 2017—2019 年这 3 年的总和;截至 2020 年末,全市已开展绿色租赁业务的公司 10 家,金融租赁公司绿色贷款余额达到 1101.12 亿元,占全市绿色贷款余额的 29.61%,在全国具有领先优势;2020 年,全市碳配额总交易量 999 万 t,总成交金额 2.41 亿元,分别占全国碳市场的 13% 和 11%,位列全国碳交易试点地区第三和第二。

三、河北省

(一)基本情况

1.水资源概况

河北省地处海河流域,境内河流众多,流域面积在 50km² 以上的河流共 1386 条,从南到北依次分布在漳卫河、子牙河、大清河、黑龙港及运东地区、永定河、北三河(潮白河、北运河、蓟运河)、滦河及冀东沿海诸河 7 大水系。主要特点有三个:一是相对独立自成体系。受地形地貌影响,各流域水系之间互连互通性差,7 大水系都是独立的流域单元。二是季节性河道占比大。受降雨量少和流域面积小影响,流域面积 200km² 以上的 337 条河道中,常年有水的仅 85 条。三是河道源短流急。河道上游普遍山高坡陡,山前到平原过渡带短,河道上宽下窄,落差较大,遇有暴雨,行洪泄洪压力较大。河北省人均水资源量 307m³,约为全国平均值的 1/7(全国平均为 2149m³)。

2.产业情况

2022 年,全省总用水量为 182.43 亿 m³。其中:农业用水量 100.40 亿 m³,工业用水量 16.34 亿 m³,生活用水量 27.83 亿 m³,生态环境用水量 37.86 亿 m³,分别占总用水量的 55.0%、9.0%、15.2%、20.8%。

河北农业结构不断调整优化。改革开放初期,全省农林牧渔业生产结构以农业为主体,农业产值比重高达 84.4%。随着改革进程的加快,农林牧渔业生产结构不断优化,实现由单一以种植业为主的传统农业向农、林、牧、渔业全面发展的现代农业转变。2017 年,全省农业产值比重为 53.8%,比 1978 年下降 30.6 个百分点;牧业和渔业比重由 1978 年的 11.7% 和 0.7%,上升为 32.3% 和 3.6%,分别提高 20.6、2.9 个百分点。2016—2019 年,提前超额完成国家"十三五"化解过剩产能目标任务,累计压减水泥、平板玻璃、焦炭和粗钢产能,分别为 1194.9 万 t、4159 万重量箱、2923.8 万 t、4948 万 t。按照国家产业结构调整指导目录,河北省目前已无落后产能产业。严格落实 1:1.25 产能减量置换方案。退城搬迁和关停重点污染工业企业 49 家。

(二)主要做法

1.调整优化产业结构

在坚定不移去产能的同时,改造提升传统优势产业,大力发展先进制造业、现代服务业和战略性新兴产业,建设新型工业化基地,"三二一"的产业格局不断优化提升。

农业方面,一是加快结构调整,因地制宜优化种植结构,发展适水种植。在深层水超采区开展耕地季节性休耕试点,在井灌区将小麦、玉米一年两季种植,改为只种植一季雨热同期的谷子、高粱等作物,实行一季休耕、一季种植,规模达到 200 万亩,压减地下水用量,亩均减少地下水开采 140～160m³,探索形成了自然休耕、生态休耕等四种休耕模式。二是开展旱作雨养种植试点。以张家口坝上和黑龙港地区为重点,适当压减水浇地种植,改为依靠自然降水发展生产,2020 年发展到 75 万亩。其中,在张家口坝上地区,将水浇地蔬菜、马铃薯等高耗水作物改为旱作雨养的胡麻、燕麦等耐旱作物,规模达到 40万亩,亩均减少地下水开采 120m³;在黑龙港深层地下水超采区的沧州、衡水等市,将水浇地小麦、玉米种植改为旱作油菜、谷子、花生等作物,初步形成了春季旱作油菜、黑麦草、油葵等,夏季谷子、高粱、玉米、花生等旱作雨养种植模式,规模达到 35 万亩,亩均减少地下水开采 220m³。三是推广节水灌溉。依托高标准农田建设,在井灌区推广喷灌、滴灌、管灌等高效节水技术 4285 万亩,其中喷灌、滴灌面积达到 650 万亩。逐年加大投资比例,将高效节水灌溉列入重要建设内容,重点发展从机井到田间防渗管道和田间喷灌、滴灌等,因地制宜,在蔬菜上推广膜下滴灌、膜下沟灌等技术,在果树上推广小管出流等技术。减少渗漏,提高灌溉水利用率,降低水资源使用量。积极与种植大户对接,种植合作社、农业托管服务组织等对接,试点大田作物滴灌节水技术。2020 年河北省农业农村厅自筹资金,开始在小麦、玉米一年两熟农田试点开展浅埋滴灌水肥一体化节水技术 10 万亩,采用"先建后补"方式,在 9 个市和雄安新区的 34 个县示范推广。四是突出农艺节水。推行农机农艺融合、良种良法配套。以冬小麦为重点,集成推广小麦节水稳产配套技术。采取专家推介品种、免费向农户供种、落实配套种植技术、实现节水稳产的方式推广冬小麦节水种植,共推广 3420 万亩,河北省冬小麦节水种植基本实现全覆盖,麦田浇水次数由 3～4 次,减少到现在的 2～3 次,亩均减少 1～2 次浇水,亩均减少灌溉 40～50m³。

工业方面,通过大力削减高耗水产能、强化用水计量监督、加快工业企业节水技术改造,万元工业增加值用水量由 2015 年的 22.5m³ 下降到 2020 年的 16m³。实施工业节水行动计划,开展节水型企业创建,树立水效领跑者标杆,部分重点钢铁企业吨钢取新水量已下降到 3t 以内。河北省钢铁、化工等行业企业水重复利用率达到 90% 以上。河北省工业用水量仅占全社会用水量的 10.7%,远低于全国工业用水量 21% 的占比。万元工业增加值用水量为 16.8m^3,相当于全国平均用水量的 40%,达到全国先进水平。

2.全面强化水资源刚性约束

近年来,围绕落实水资源刚性约束制度,河北省人大颁布《河北省地下水管理条例》,河北省委、省政府印发《关于严格控制地下水开采的通知》和《切实加强机井管理工作的通知》,河北省人民政府印发《河北省水资源统筹利用保护规划》《河北省取水许可管理办法》《河北省实行最严格水资源管理制度考核办法》等一系列政策文件,建立了较为完善的水资源消耗总量和强度双控制度。同时,为进一步发挥水资源刚性约束作用,研究建立规划和建设项目节水评价制度,将节水作为水资源开发利用的前提,从严叫停节水评价不通过的建设项目。

全面构建水资源刚性约束指标体系,河北省明确了各市 2016—2020 年用水总量控制指标(水资源消耗总量),各市在此基础上将用水总量控制指标落实到县(市、区)。对取用水总量达到或超过控制指标的地区,暂停审批新增取水的建设项目;对取水总量接近控制指标的地区实行项目限批;对地下水超采区严格控制地下水开采量,通过区域内部调整、上大压小、扶优淘劣、水量置换等方式解决用水问题。2020 年,制定印发了《河北省实行最严格水资源管理制度用水总量红线控制目标分解方案(2021—2025)》,对"十四五"时期和分年度用水总量、地下水开采量红线控制指标进行了分解。

3.切实加强取水许可审批管理

近年来,河北省人大颁布了《河北省地下水管理条例》,河北省人民政府修订印发了《河北省取水许可管理办法》,进一步严格和加强取水许可审批,将地下水取水许可审批权限上收至省级。2018 年以来,共注销取水许可证 11300 多件,注销水量约 27 亿 m^3。

一是严格许可审批。经河北省政府同意,河北省水利厅印发了《关于严格地下水取水许可管理事项的通知》《关于做好地下水取水许可审批工作的通知》《关于规范取水许可技术审查的通知》等一系列政策文件,明确省、市、县三级政府对取水许可的审核把关责任,公布了 14 种不予批准地下水取水许可的具体情形。从取水许可申请受理、技术报告审查、取水工程验收、取水许可证核发及注销等环节入手,认真把关,严格审核,从严审批。

二是强化审核责任。地下水审批权限上收后,对审批流程进行优化调整,由原来省、市、县分级审批调整为省水利厅审批;取水许可办理流程调整为用水户申请、省市县水利部门组织技术审查、省水利厅审批;按照清理规范的要求,从 2020 年 10 月开始,在取水许可审批过程中,增加了县级政府初审、市政府复核、省政府审定的环节,压实了各级政府责任。

三是严格技术审查。为充分发挥专家在取水许可及水资源论证技术审查中的作用,2019 年,调整省级水资源论证专家库,充实增强基层专家力量,平衡各行业、各专业专家人数,确保科学、客观、公平开展水资源论证评审工作,为取水许可审批提供强有力的技术支撑。对水资源论证报告进行审查时,要求审查人员必须进行现场踏勘,必须实行会议审查,专家审查实行打分制,对不符合取水许可审批政策的项目不予审查通过。

四是推行电子证照。根据国家电子政务办公室和水利部节水办及省"放管服"改革的要求,经过大量前期准备工作,2019 年 12 月 1 日起,在全国率先推行取水许可电子证照,实现了取水许可全流程网上办理,用水户足不出户即可收到取水许可证,并实现了取水许可证在"冀时办"、政务网、执法检查、涉税登记等多场景的共享复用。截至 2021 年,已生成取水许可电子证照 2 万多张。此项措施得到了国家电子政务办和省政务办的高度认可,并在全省其他厅局进行推广。

4.强化计划用水管理

将计划用水作为缓解水资源供需矛盾、减少地下水开采的有效手段,通过总量控制、过程管控、结果考核三项措施,取得显著成效。一是强化总量控制。紧紧围绕"地下水压采""引江水消纳""非常规水利用"等中心工作,从严核定各市年度计划用水总量。围绕江水消纳,按照河北省人民政府确定的 2020 年引江水消纳目标要求,严格核定南水北调受水区引江水计划用水指标,促进引江水消纳。围绕地下水压采,以地下水可利用量为基础,充分考虑地下水超采区年度压采任务,从严核定各市地下水计划用水指标。围绕非常规水利用,按照国家和省确定的再生水利用比例,核定各市非常规水计划用水指标。二是严格过程管理。优化河北省计划用水管理系统,实现与取水许可系统和水资源税系统网络互通、数据共享,确保及时掌握用水户取水许可和纳税信息,坚决避免无取水许可证申报计划情况。通过计划用水系统设定各市计划用水总量和地下水量指标,各市申报超量后,系统将自动驳回,有效避免超计划申报情况。将高耗水的工业用水定额嵌入系统,用水户申报计划水量时,系统自动与定额水量进行比对,切实避免超定额申报计划情况。三是加大考核力度。将计划用水纳入地方党委、政府领导政绩考核。严格落实超计划累进加价制度,对用水户超计划水量部分按照 2～3 倍征收水资源税。

5.强化用水定额应用

充分发挥定额标尺度量作用,在取水许可、计划用水、节水评价、水价改革等方面严格使用用水定额。一是在建设项目取水许可中,提出的项目年最大取水量不得超过根据项目设计规模和用水定额核算的取水量,对超过核算水量的项目一律不得审查通过

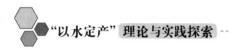

其水资源论证报告书,同时要求水资源论证报告书批复文件应注明项目采用的用水定额。二是在计划用水核定时,要求各市(县)严格按照用水定额核定用水户用水量,对超定额的用水户核减计划用水量。三是在水价改革中,将定额作为农业、工商服务业、城乡居民用水超用加价的重要依据,并就不同行业提出超定额累进加价标准。

四、山西省

(一)基本情况

1.水资源概况

山西省多年平均降水量 508.8mm,十年九旱,且年内分布不均。年降水总量约 800 亿 m³,形成的水资源量仅 123.8 亿 m³,其中:地表水 83.8 亿 m³、地下水 40 亿 m³,水资源总量占全国 2.8 万亿 m³ 的 4‰。全省人均水资源量 381m³,为同期全国人均值 2200m³ 的 1/6,处于全国倒数第七位。与周边省(自治区)相比,内蒙古人均为 2300m³,陕西省 1160m³,河北省 307m³,河南省 425m³,略高于河北省。按照最新的水资源评价成果,全省水资源总量减少为 118.7 亿 m³,人均 320m³。

2.产业情况

山西产业结构主要有以下特点。一是能源工业作为支柱产业十分明显,并具有与基础产业合而为一的特点。能源工业是山西历史悠久的支柱产业,现已占到全社会产值的 14%,工业总产值的 30%,工业净产值的 42%,省内财政收入的 20%,并具有可比成本低、劳动生产率高、输出量大等显著经济优势。二是拳头产品比较突出,不少产业在国内有明显的优势。在列入国家计划的 61 种主要工业产品中,山西有 14 种产品的产量处于各省(直辖市)的前 10 位。这些拳头产品的共同特点是输出量大,知名度高,具有一定的经济优势,是山西对省外商品交换的主要支柱。三是建筑业和交通运输业与全国比较相对发达,已成为山西的重要产业部门。能源基地建设和以煤炭为主体的能源、原材料大量输出,有力促进了山西建筑业和交通运输业的发展。

2022 年,山西省城市供水总量 91584.27 万 m³,同比增长 1.57%,其中:公共供水总量占城市供水总量的 95.25%,自建设施供水总量占城市供水总量的 4.75%;城市供水管道长度 16213.99km,同比增长 15.23%;城市人均日生活用水量 136.52L;供水普及率 98.66%(其中城市公共供水普及率 97.49%),比上年减少 0.87 个百分点。

(二)主要做法

1.加快推进分水

修订水资源全域化配置方案,山西省水利厅于 2017 年组织对《山西省水资源全域化配置方案》进行了修订。大力推进生态流量确定和保障工作,研究提出了滹沱河(山西段)、桑于河(山西段)、浊漳河、浊漳南源、浊漳西源等河流生态流量的控制断面及目标,有效保障河流生态流量。目前,地市层级的18条河流正在制定生态流量目标。

2.严格取用水管理

一是积极开展取用水管理专项整治工作,严格按照水利部要求,按时保质完成省内取水口的核查登记工作,完成了核查登记发现问题的复核与认定,建立了问题整改台账,正在扎实开展整改提升工作。二是持续夯实监测计量基础,编制完成了《山西省取水口监测计量实施方案》,对全省取水口计量现状进行了系统分析,明确了建设目标和建设任务,2023年基本建成较为完整的监测计量体系,实现非农业取水口和大中型灌区渠首取水口计量全覆盖。三是严格取用水日常监管,纳入取水许可管理的取用水户实现计划用水全覆盖,督促取用水户开展计量设施定期校准;坚持日常监管与专项行动结合强化监管,全面摸排岩溶大泉范围内采矿企业取用水情况,依法办理有关手续;2018年,明确提出岩溶大泉范围内的新建、改建、扩建项目,都必须依法办理取水许可、必须获得水环评的批复;2020、2021年,连续两年在全省开展"治水监管百日行动",重点开展取水许可监督检查,严厉打击无证取水、非法取水。

3.狠抓水资源管理考核

对标国考要求,认真开展自评,落实问题整改。近年来全省用水总量、万元地区生产总值用水量下降、万元工业增加值用水量下降、农田灌溉水有效利用系数、重要江河湖泊水功能区水质达标率均完成年度考核目标。2021年,将最严格水资源管理制度考核纳入河湖长制考核范围,进一步强化考核力度。

4.持续开展"双控"

一是实施水资源消耗总量和强度控制行动。严格落实水资源消耗总量和强度控制行动,将用水总量和强度作为省、市、县三级水利管理部门目标责任考核的重要指标之一,强化节水约束性指标管理。据统计,2020年,全省用水总量为72.5亿 m^3,对应万元地区生产总值用水量为47.04m^3,比2015年累计下降24.3%,对应万元工业增加值用水量为24.66m^3,比2015年累计下降21.9%,均完成了"十三五"目标任务。二是修订用水定额指标体系。2020年,山西省市场监督管理局发布了修订后的《山西省用水定额(农业部分)》,发布了修订后的《山西省用水定额(工业部分、居民生活部分)》;服务业用水定额正在开展新的全面修订工作,并于2021年底前完成审查公示。三是强化用水定额的执行管理,把定额作为取水许可、节水评价及节水载体评定的重要标尺,不符合定额标准要求的项目不予通过审查。

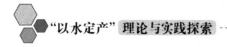

五、内蒙古自治区

(一)基本情况

1.水资源概况

根据水资源公报数据,2022 年,全区用水总量 193.47 亿 m³,其中:农田灌溉用水量 131.96 亿 m³,占用水总量的 68.2%;林牧渔畜用水量 13.47 亿 m³,占用水总量的 7.0%;工业用水量 13.24 亿 m³,占用水总量的 6.8%;城镇公共用水量 3.32 亿 m³,占用水总量的 1.7%;居民生活用水量 7.98 亿 m³,占用水总量的 4.1%;人工生态环境补水量 23.50 亿 m³,占用水总量的 12.1%。

2.产业情况

自改革开放以来,内蒙古三次产业由"二一三"结构演进转变为"三二一"结构,比例由 1978 年的 32.7∶45.4∶21.9 优化到 2019 年的 10.8∶39.6∶49.6。三次产业之间、轻重工业之间以及各产业内部的比例关系逐步走向协调,形成以工业为主体、农牧业为基础、服务业蓬勃发展的产业布局。农牧业生产能力显著提升。成为我国 13 个粮食主产区和 6 个粮食净调出省区之一,形成了乳、肉、绒、粮油、蔬菜、饲草料、林下经济及特色产业等七大主导产业。工业体系日益健全。全部具备了国家 41 个工业大类,形成了能源、化工、冶金建材、农畜产品加工、装备制造和高新技术六大优势特色产业。服务业结构不断优化。餐饮、商贸、运输等传统服务业改造升级步伐加快,旅游、金融、信息、科技等新兴服务业持续发展壮大。

(二)主要做法

1.坚持量水而行,强化水资源刚性约束

一是分水到行业。自治区已完成 27 条跨盟市河流水量分配。在全国率先推行地下水用水总量、水位、用途、水质、机电井数量"五控"制度,将各项指标分解落实到旗(县、区),特别是将地下水总量进一步分解到用水行业,为各行业用水设定开发利用"上限"。开展了全区"量水而行"和农业灌溉水资源支撑能力研究,提出了全区水资源优化配置方案,提交自治区人民政府,以及农牧业和林草部门,作为农业发展布局和实施退耕还林还草的依据。

二是计量到取水口。要求生活和工业年取地表水 20 万 m³(地下水 10 万 m³)以上取用水户,新增取水必须同步自行建设取用水在线监测设施并传输到水资源管理系统。重点完善了农业灌溉用地下水计量体系,2020 年和 2021 年,共安排 1.14 亿元专项资金在全区范围推广农业灌溉用地下水"以电折水"工作,通过建立不同区域动态水—电关系,基本实现全区农业用水计量全覆盖,为全面掌握用水量奠定基础。

三是强化约束。严控取水"增量",坚决抑制不合理的用水需求。针对地下水超采状况,自治区人民政府对 2020 年和 2021 年新增高标准农田建设项目规模进行了压缩和调整。10 个自治区拟引进的重点工业项目由于超出区域水资源支撑能力,未予审批和准入。严格执行《行业用水定额》,要求新改(扩)建项目用水指标须达到先进值,缺水地区达到领跑值,2019 年以来,共对 7 个节水评价不符合要求的项目取水许可暂缓审批。扎实推进"放管服"改革,全面实施了取水许可电子证照制度,实现了"一网通办",缩短了取水许可事项审批时间。

四是严格监管。全面完成了取水工程核查登记工作,共核查取水口 699224 个,其中地下水取水口 686915 个,占 98%。按照"规范一批、整合一批、取缔一批"的原则,部署开展了专项整治工作。积极推进水资源税费改革,水资源税征收额度逐年提升,2020 年达到 31.05 亿元。

五是优化配置。加大非常规水利用,工业生产、城镇绿化优先配置再生水,再生水和疏干水利用量较"十二五"期末增长 1 倍多。推进水权转让和交易改革,共转让水量 4.43 亿 m³,利用市场机制配置转让水量,及时处置闲置水权,先后解决了 168 个工业项目的用水指标问题。

2. 坚持综合施策,强化地下水超采治理

起草完成《内蒙古自治区地下水保护和管理条例》并纳入自治区人大审议计划。组织编制了重点区域地下水超载治理方案,压实地方政府地下水管理责任。通过综合施策,全区 33 个超采区中有 30 个已达到治理目标并销号,3 个大型超采区达到阶段性治理目标,共压减超采水量 5.9 亿 m³。对"十二五"期间新增 18.06 万眼灌溉机电井和 339 家违规取用水企业进行了集中整治,关闭非法农灌井 1.7 万眼,置换工业用地下水量 8093.82 万 m³,违规取用地下水问题得到有效整治。

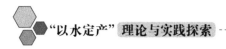

第五章　南方典型地区“以水定产”的实践探索

第一节　南方地区概况

一、自然地理

从自然地理区域上来讲,南方地区是指中国东部季风区的南部,主要是秦岭—淮河一线以南的地区,西面为青藏高原,东与南面临东海和南海,大陆海岸线长度约占全国的 2/3 以上。本书主要针对行政区域上的南方省份进行研究。行政区域上,南方包括江苏、安徽、浙江、上海、湖北、湖南、江西、福建、云南、贵州、四川、重庆、陕西、广西、广东、香港、澳门、海南、台湾、甘肃、河南等 21 个省(自治区、直辖市)。面积约占全国陆域面积的 25%,人口约占全国的 55%,汉族占大多数。本书从上述省份中选取典型省份开展研究。

由于地跨东、中、西部三大地势阶梯,地层发育齐全,成矿条件较好,南方地区拥有页岩气、锰、钒、钛、钨、锡、锑、稀土、锂、磷等多种矿产资源,是我国重要的矿产资源基地。目前形成了安徽淮北煤—煤化工矿业经济区、湖北鄂州—黄石铁铜金矿业经济区、四川攀枝花钒钛矿业经济区等几十个全国重点矿业经济区。石油、天然气、煤炭等非可再生能源储量相对贫乏,能源消耗较大,主要依赖外部供应。可再生能源储量十分丰富,水电资源方面,沿长江分布有金沙江、雅砻江、南盘江、红水河等大型水电基地;风力发电方面,云南和江苏占比较高;光伏发电方面,江苏、浙江、安徽发电量在南方地区城市中占比较高。这些丰富的资源和能源为区域经济社会发展提供了充足动力。

二、经济社会发展概况

改革开放后,尤其是 2013 年以来,南北同时出现了经济总量“南强北弱”和经济增速“南快北慢”的双格局。根据国家统计局统计数据,南北方地区生产总值增速的差距从 2013 年的 0.3 个百分点,扩大至 2017 年的 1.9 个百分点。2019 年,我国南方地区生产总值占全国比重的 64.56%,人均地区生产总值为 75955.99 元。同时,南方地区经济增长速度较快。例如,2018 年,经济增速较快的省份基本来自南方地区,增速前 10 名的省份中,除了位居第六位的陕西之外,全部来自南方。在南方 16 个省(自治市、直辖市)中,仅有重庆与海南增速低于全国增速。如今,南方地区有长江经济带、长江三角洲、成渝双城经济圈和粤港澳大湾区四大经济增长极。

(一)长江经济带

从长江经济带经济发展情况来看,2006—2020 年各省(自治区、直辖市)地区生产总值均呈现稳定的上升趋势,是我国经济发展的主要动力来源。从地区生产总值增速来看,"十二五"和"十三五"期间,长江经济带生产总值增速有所放缓。人均地区生产总值是反映各地区人民生活水平的重要标准,除 2020 年受新冠肺炎疫情的影响外,2006—2019 年长江经济带 11 省(直辖市)人均地区生产总值呈现上涨趋势。

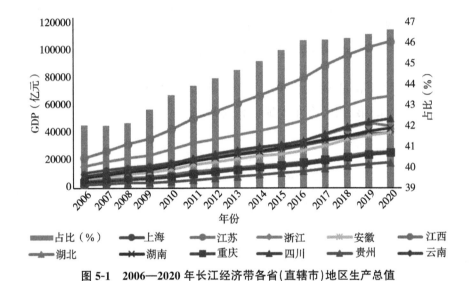

图 5-1 2006—2020 年长江经济带各省(直辖市)地区生产总值

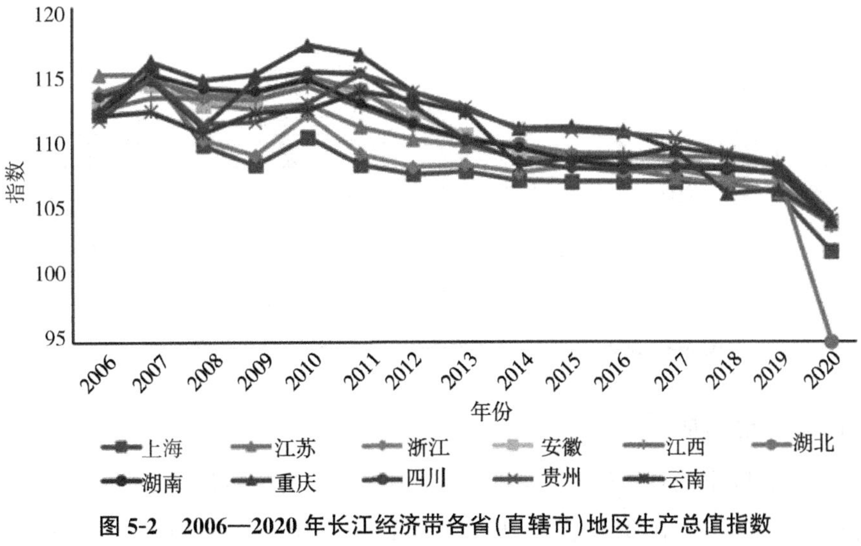

图 5-2 2006—2020 年长江经济带各省(直辖市)地区生产总值指数

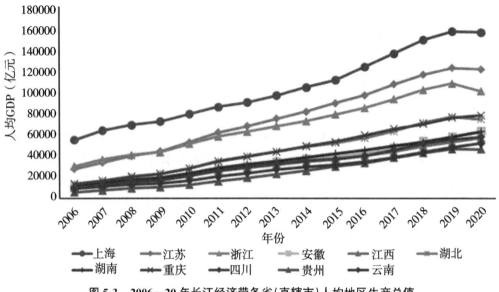

图 5-3　2006—20 年长江经济带各省(直辖市)人均地区生产总值

2020 年,长江经济带 11 省(直辖市)三次产业增加值同比均呈现上升趋势。从分区域看,东部沿海地区的第二、三产业增加值相对最高。

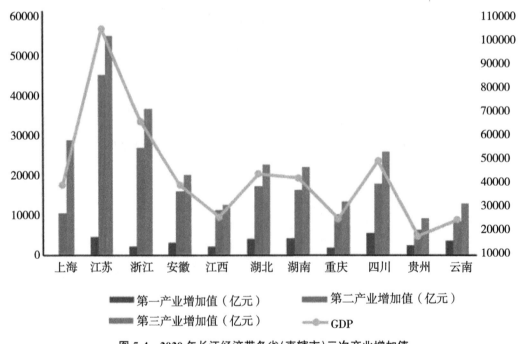

图 5-4　2020 年长江经济带各省(直辖市)三次产业增加值

(二)长江三角洲地区

长江三角洲(以下简称"长三角")地区是我国经济发展最活跃、开放程度最高、创新能力最强的区域之一,在国家现代化建设大局和全方位开放格局中具有举足轻重的战略地位。《长三角一体化规划》范围包括上海市、江苏省、浙江省、安徽省全域(面积 35.8 万 km^2)。

长三角地区发展基础较好,经济社会发展全国领先,经济实力较强,经济总量约占全国的 1/4,全员劳动生产率位居全国前列。根据《2021 年国民经济和社会发展统计公报》数据,2021 年,长三角三省一市(江苏省、浙江省、安徽省、上海市)全年实现地区生产总值 276054.3 亿元。农业种植业结构持续优化,综合生产能力持续增强,现代农业发展较快;工业生产稳定恢复,先进制造业增势良好。城乡发展比较协调,城乡居民收入差距相对较小,城乡要素双向流动,形成了可复制可推广的乡村成功发展模式。

长三角拥有通江达海、承东启西、联南接北的区位优势,口岸资源优良,国际联系紧密,协同开放水平较高。拥有开放口岸 46 个,进出口总额、外商直接投资、对外投资分别占全国的 37%、39% 和 29%,自由贸易试验区探索形成了国际贸易"单一窗口"等一批可复制、可推广经验。交通干线密度较高,省际高速公路基本贯通,主要城市间高速铁路有效连接,沿海、沿江联动协作的航运体系初步形成,区域机场群体系基本建立。电力、天然气主干网等能源基础设施相对完善,防洪、供水等水利基础设施体系基本建成,光纤宽带、4G 网络等信息基础设施水平在全国领先。科创产业紧密融合,大数据、云计算、物联网、人工智能等新技术与传统产业渗透融合,集成电路和软件信息服务产业规模分别约占全国的 1/2 和 1/3,在电子信息、生物医药、高端装备、新能源、新材料等领域形成了一批国际竞争力较强的创新共同体和产业集群。

(三)成渝地区双城经济圈

成渝地区双城经济圈位于长江上游,地处四川盆地,东邻湘鄂、西通青藏、南连云贵、北接陕甘,是实施长江经济带和"一带一路"倡议的重要组成部分,总面积 18.5 万 km^2。成渝地区双城经济圈位于"一带一路"和长江经济带交会处,是西部陆海新通道的起点,具有连接西南西北,沟通东亚与东南亚、南亚的独特优势。成渝地区生态禀赋优良、能源矿产丰富、城镇密布、风物多样,是我国西部人口最密集、产业基础最雄厚、创新能力最强、市场空间最广阔、开放程度最高的区域,在国家发展大局中具有独特而重要的战略地位。

"十三五"以来,成渝地区发展驶入快车道。中心城市辐射带动作用持续提升,中小城市加快发展,基础设施更加完备,产业体系日渐完善,科技实力显著增强,内需空间不断拓展,对外交往功能进一步强化。到 2019 年,地区生产总值年均增长 8% 以上,社会消费品零售总额年均增长 10% 以上,常住人口城镇化率超过 60%,铁路密度达 350km/万 km^2,机场群旅客吞吐量超过 1 亿人次,常住人口规模、地区经济总量占全国比重持续上升,呈现出重庆和成都双核相向发展、联动引领区域高质量发展的良好态势。成渝地区已经成为西部地区经济社会发展、生态文明建设、改革创新和对外开放的重要引擎。与此同

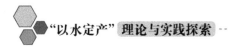

时,成渝地区综合实力和竞争力仍与东部发达地区存在较大差距,特别是基础设施瓶颈依然明显,城镇规模结构不尽合理,产业链分工协同程度不高,科技创新支撑能力偏弱,城乡发展差距仍然较大,生态环境保护任务艰巨,民生保障还存在不少短板。

近年来,加快优化重大生产力布局,整合提升优势产业,增强全产业链优势,逐步形成特色鲜明、相对完整、安全可靠的区域产业链供应链体系。提升重庆、成都产业创新发展能力,打造制造业高质量发展双引擎,推动都市圈外围地区加快发展电子信息、汽车等产业,形成研发在中心、制造在周边、链式配套、梯度布局的都市圈产业分工体系。强化双城经济圈北翼地区先进材料、汽摩配件等产业协作,南翼地区联动集聚食品饮料、装备制造、能源化工、节能环保等产业。

(四)粤港澳大湾区

粤港澳大湾区(粤9市+香港+澳门)是我国开放程度最高、经济活力最强的区域之一。2020年底,粤港澳大湾区常住人口约7000万,经济总量达11.59万亿元。粤港澳大湾区经济发展速度超越全国平均水平,多年来保持高速稳定增长,但地区差异明显,港澳经济发展缺乏动力,广东9市发展水平参差不齐,人均经济总量和其他世界级湾区有较大差异。粤港澳大湾区交通发达,金融业科技业的快速发展带动产业升级和优化,但和高水平湾区经济结构与产业布局仍有一定差距。广东9市积极发展制造业、金融业、高新技术业,多产业协调配合,在经济下行中结合自身优势实现经济发展稳中有进,但经济总量分布不均,地区差异明显,经济发展很不平衡。广州、深圳两市创造了绝大多数经济增量,其他市(区)依托于两市发展,缺乏自身发展亮点,经济发展较为缓慢且脆弱。

从各城市产业构成看,香港、澳门经济以第三产业为主。内地城市中,广州第三产业占比超过70%,在区域经济发展中将凭借发达的第三产业优势继续发挥对外服务与贸易中心的地位;深圳除了高科技制造中心优势外,金融、服务业、物流等第三产业也在全国占据重要地位,与香港互联互通的优势将助推两地产业链整合与协作;佛山、惠州等作为世界制造业中心,承担着广州、深圳制造业转移的产业布局任务;相较于其他城市,地区生产总值较低的肇庆、江门等地区第一产业仍然占比较大,未来可在第一产业上发展现代农业,在与其他湾区城市协作基础上逐步完善第二、三产业。

三、水资源禀赋特征

我国水资源时空分布不均,南多北少。以秦岭—淮河为分界,南方地区水资源丰富,以热带亚热带季风气候为主,夏季高温多雨,冬季温和少雨,其中热带季风气候为全年高温。降水量在800mm以上,山地迎风坡降水较多。从分布上看,水资源量"西高东低",用水量"东高西低"。尤其是东部地区的江苏省、中部地区的湖南省水资源消耗量较大,分别是用水量较低的贵州省的 5.72 倍和 3.08 倍。

南方地区"不缺水但缺好水",水环境风险仍然严峻,存在来源点多、面广和线长的特点。不仅有来自水域的危险品运输的环境风险,还有来自岸线的分布广泛的化工园区、大量危化工厂、大量排污口和来自陆域的城乡发展所带来的面源污染。以长江经济带为例,长期以来,粗放型的发展方式使得沿线地区水生态环境破坏严重。截至 2017 年底,长江经济带沿岸分布着 40 多万家化工企业,化学危险品年吞吐量最高达 1.7 亿 t。2019 年排污口排查中,长江入河口存在排污口 60292 个。危化品的运输、遍布沿岸的化工企业和排污口使得"化工围江"现象仍然较为严重,水生态和水环境风险仍较大。

此外,南方地区由于降雨时空分布不均,也存在干旱问题。长江中下游受副热带高压的控制,不利于降雨,往往会发生夏伏旱。如 2013 年、2019 年,长江都发生了严重的夏伏旱。在全球气候变暖的背景下,受持续拉尼娜事件的影响,2022 年 7 月以来,西太平洋副热带高压的面积偏大、强度偏强、位置偏西、偏北。受副热带高压下沉气流的控制,长江全流域持续高温少雨,流域里主要河湖来水明显减少、水位显著偏低,出现了多年同期少有的干旱形势。

随之而来的问题是,水资源需求压力较大,水资源承载力不足。2019 年,长江经济带用水总量为 2644.9 亿 m³,占全国用水总量的 43.93%;生态用水量为 38.2 亿 m³,占全国生态用水量的 15.30%;人均用水量为 419.3m³,与全国人均用水量基本持平。加之由于水资源利用方式较为粗放,工业用水重复利用率偏低,城镇供水管网的漏损率较大,水资源浪费现象仍较严重。调水工程使水资源压力进一步增大。为此,对于南方地区水质性缺水的情况而言,节水对于减少水污染问题意义十分重大,节水即是减排、减污。

表 5-1　　　　　　　　　　　　长江经济带 2019 年用水量情况

地区	用水总量 (亿 m³)	生态用水总量 (亿 m³)	人均用水量 (m³/人)
上海	100.9	0.9	415.9
江苏	619.1	3.7	768.1
浙江	165.8	5.4	286.2
安徽	277.7	7.7	437.7
江西	253.3	2.4	543.9
湖北	303.2	1.7	512.0
湖南	333.0	3.8	482.0
重庆	76.5	1.3	245.7
四川	252.4	5.9	302.0
云南	154.9	4.4	319.8

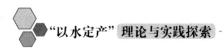
地区	用水总量 （亿 m³）	生态用水总量 （亿 m³）	人均用水量 （m³/人）
贵州	108.1	1.0	299.3
长江经济带	2644.9	38.2	419.3
全国	6021.2	249.6	430.8
占比	43.93%	15.30%	97.34%

数据来源：《中国统计年鉴（2020）》。

第二节　典型地区经验做法

一、上海市

（一）基本情况

1.水资源禀赋

上海市属北亚热带季风性气候，四季分明，日照充分，雨量充沛。2022 年，上海市平均降水量 1072.8mm，属平水年。年地表径流量 27.55 亿 m³，地下水与地表水资源不重复量 5.53 亿 m³，本地水资源总量 33.08 亿 m³。2022 年，太湖流域来水量 183.0 亿 m³，长江干流来水量 7409 亿 m³。

2.产业发展概况

根据《2022 年上海市国民经济和社会发展统计公报》，全年实现地区生产总值 44652.80 亿元，比上年下降 0.2%。其中：第一产业增加值 96.95 亿元，下降 3.5%；第二产业增加值 11458.43 亿元，下降 1.6%；第三产业增加值 33097.42 亿元，增长 0.3%。第三产业增加值占地区生产总值的比重为 74.1%。

3.水资源开发利用情况

2022 年，上海市用水总量 76.76 亿 m³。其中：农业用水量 17.21 亿 m³，占总用水量的 22.4%；工业用水量 34.89 亿 m³，占总用水量的 45.5%；生活用水量 23.83 亿 m³，占总用水量的 31.0%；生态环境用水量 0.83 亿 m³，占总用水量的 1.1%。

（二）主要做法

1.完善产业相关政策制度

为推进绿色发展、提升产业高质量发展，上海先后出台了《上海市产业结构调整专项补助办法》等政策和规划。

表 5-2　　　　　　　　　　　　上海市出台产业政策制度

年份	政策名称	主要内容
2016	《上海市城市总体规划（2016—2040)》	严守红线,推进用地与产业同步调整,明确"三线一界",以绿色生态为导向,优化城市发展格局,进一步明确人口总量与建设用地规模控制要求
2018	《上海市绿色发展指标体系》	包括资源利用、环境治理、环境质量、生态保护、增长质量、绿色生活和公众满意程度 7 个方面,共计 49 个绿色发展指标
2017	《上海市鼓励企业实施清洁生产专项扶持办法》	对符合国家和本市产业政策导向、符合国家和本市节能环保等强制标准的清洁生产项目,已经列入本市清洁生产审核重点名单的企业进行专项扶持
2019	《关于本市支持工业节能与绿色发展融资服务的实施意见》	重点支持工业能效提升、清洁生产改造、资源综合利用、绿色制造体系建设、节能环保产业创新发展五个领域的工艺技术升级改造、节能环保技术应用及产业化项目的固定资产投资及工程服务
2020	《上海市产业结构调整指导目录限制和淘汰类（2020 年版)》	有效指导各区、集团公司开展产业结构调整工作,大量破除无效供给,推进制造业高质量发展
2020	《上海市生态环境行政处罚裁量基准规定》	进一步规范生态环境行政处罚行为,体现行政处罚"过罚相当"的原则
2021	《上海市促进产业结构调整差别电价实施管理办法》	对符合差别电价对象认定标准的情况,根据国家和本市有关加价政策,向所属企业加收高于普通电价的电费
2022	《上海打造未来产业新高地发展壮大未来产业集群行动方案》	强化高端产业引领功能,积极布局上海未来发展新赛道,多维度打造未来产业集群

2.优化产业布局、调整产业结构

《上海市城市总体规划（2017—2035 年)》提出,要促进城市产业向高端化、服务化、集聚化、融合化、低碳化发展。在产业空间布局上,规划主城区优先发展高端生产性服务业和高附加值都市型工业,郊区集聚发展先进制造业。推进先进制造业相对集中布局,培育若干世界级先进制造业集群,将先进制造业集中的工业区予以长期锁定,形成代表制造业最高水平的产业基地。上海未来发展在产业转型升级上以推动互联网、大数据、人工智能和实体经济深度融合,生产方式向制造智能化、能源生态化、空间集约化方向发展。提高工业用地准入标准,推进高污染、高能耗、低效益的工业用地转型与退出,压缩钢铁、石化等传统制造业的用地规模。主城区内吴淞地区、高桥地区、吴泾地区逐步淘汰

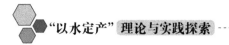

钢铁、化工产业,推动地区功能整体转型。促进宝山地区钢铁、金山地区石化产业能级提升,并发展相关的研发和服务功能。

3.相关规划编制中落实水资源刚性约束

组织对"上海2040"规划、上海南桥新城规划、崇明三岛总体规划、上海电力发展"十二五"规划、金山工业园区规划、嘉定外冈工业区规划、嘉定华亭工业园区规划等开展规划水资源论证,提出规划期的用水总量、用水效率指标及水资源配置方案。2018年,上海市人大颁布的《上海市水资源管理若干规定》中首次以地方性法规的形式,规定在工业园区控制性详细规划组织编制时,水务行政管理部门应当进行水资源论证。水资源论证结论经规划编制部门综合平衡后,纳入规划编制成果。

4.全面落实国家节水行动

依据取水户用水水平是否达到定额标准、往年实际用水、下年度企业生产产量预测,以及水资源论证中承诺的执行情况,按行业用水定额标准核定下达年度取水计划;将用水定额的执行和应用与计划用水管理考核、水平衡测试、节水载体创建、节水"三同时"、取水许可等工作紧密结合,强化日常监管和督查。开展工业节水专项行动。强化计划用水限额管理,鼓励重点用水企业、园区建立智慧用水管理系统。持续推动工业重点用水企业节水技术改造,优化工艺和循环冷却水利用,加强废水资源化利用,促进企业间水资源共享和水资源梯级利用,提高工业用水重复利用率。培育节水服务机构,开展合同节水、智慧节水、非常规水源利用示范试点。积极推动高耗水工业企业水效对标,推进节水型企业和节水型园区建设,打造一批节水型企业。完善节水标准体系建设,持续开展用水定额等水耗标准制(修)订及宣贯应用。

5.运用市场手段推进落实"以水定产"

一是实施非居民取用水超定额累进加价制度,从严控制洗浴、洗车、高尔夫球场、人工滑雪场、洗涤、宾馆等行业用水。二是推进全市农业水价综合改革政策。依托农业水价综合改革成果,按照农业用水计量实施细则要求,做好"按电计量、以电折水"计量方式的指导工作,开展农业灌溉用水统计分析,提高数据准确性,提升计量工作质量,做到用水计量精准。三是持续开展合同节水管理示范试点工作,培育专业技术水平高、融资能力强的合同节水服务市场。四是引导金融机构加大对节水绿色信贷的支持力度,鼓励金融机构在依法合规的前提下为节水工程建设、节水技术改造等节水政策相关领域提供金融服务。2022年,上海市水务局、中国人民银行上海市分行和上海市节约用水办公室联合印发《关于在全市范围内开展"节水惠"贷款业务的通知》,为用水企业(单位)、节水项目和节水服务提供便捷、优惠的金融支持,引导金融资本和社会资本更多地投入节水领域。

二、江苏省

(一)基本情况

1.水资源禀赋

江苏省年平均降水量为 996.0mm,境内水系密布,年均地表径流量为 270.5 亿 m³,过境水资源相对丰富,但水资源禀赋条件并不乐观。具体表现有三点。一是人均水资源量较低。全省多年平均水资源总量为 363.4 亿 m³,人均水资源占有量为 458m³,仅为全国人均水资源占有量的 21%。二是水资源时空分布不均。在时间上,全省水资源年内分配绝大部分集中在汛期,径流量年际变化较大;在空间上,江苏省水资源整体呈南多北少态势,全省多年平均单位面积水资源占有量自北向南上升,年内汛期降水量与全年降水量之比由北向南逐渐减少。三是水量调节利用难度大。省内缺乏大、中型蓄水调节水库的建设条件,水库集蓄利用不能有效满足年内水量调节利用需求。同时,淮河以及沂沭泗水系丰枯时段与苏北地区水系丰枯时段相同,虽然年均来水丰富,但年内丰枯差异较大,加大了水量调节难度。

2.产业发展概况

"十三五"期间,江苏战略性新兴产业、高新技术产业产值占规模以上工业比重分别达 37.8% 和 46.5%,省级先进制造业集群综合竞争力持续增强,30 条优势产业链整合效应不断显现,产业链供应链自主可控能力有效提升,制造业规模约占全国的 1/8。服务业增加值占地区生产总值的比重突破 50%,生产性服务业规模进一步扩大。农业现代化建设迈出坚实步伐,重要农产品生产和供应稳定,粮食年产量稳定在 700 亿斤以上,口粮保持自给。根据《2021 年江苏省国民经济和社会发展统计公报》,全年实现地区生产总值 116364.2 亿元,迈上 11 万亿元新台阶,比上年增长 8.6%。其中:第一产业增加值 4722.4 亿元,增长 3.1%;第二产业增加值 51775.4 亿元,增长 10.1%;第三产业增加值 59866.4 亿元,增长 7.7%。全年三次产业结构比例为 4.1∶44.5∶51.4。

3.水资源开发利用情况

水资源开发利用方面主要呈现以下几方面的特点。一是用水总量总体平稳。2019 年,江苏省用水总量为 493.4 亿 m³,第一、二、三产业用水分别占总用水量的 61.4%、25.4%、4.2%;居民生活用水量、城镇环境用水量分别占总用水量的 8.2%、0.8%。从用水趋势来看,2015—2019 年,全省用水总量总体趋于稳定。2019 年,由于遇特大干旱,用水总量较 2018 年增加 33.2 亿 m³,但仍在年度控制目标之内;按可比价计,全省万元地区生产总值用水量为 49.5m³,万元工业增加值用水量为 34.2m³,两项指标均超额完成国家年度考核;农田灌溉水有效利用系数达到 0.614,亦超额完成年度控制目标。二是区域用水总量与用水效率差异显著。从不同区域来看,水资源较为短缺的苏北地区用水量最高。同时,全省万元地区生产总值用水量及城镇居民人均生活用水量均呈由南至北递增态势。2020年,泰州、扬州、盐城、淮安、宿迁、连云港、徐州7市用水量均已接近各市年度用水总量控制指标。三是水资源开发利用与经济社会发展及政策推动密切相关。2004—2017年,全省人口总数增长8.03%,城镇化率由48.2%提升至68.8%,居民生活用水量增长29.9%。同时,全省城市建设用地面积和城市居民建设用地面积均大幅增长,城市居民建设用地面积与生活用水量呈正相关;工业用水量随城市工业建设用地面积增长呈先增长后减少的趋势。

(二)主要做法

1.以水定需、合理布局

按照"以水定需、量水而行、因水制宜"的要求,将水资源管控红线和"四水四定"规模与经济发展管理挂钩,约束国土空间开发、产业发展、项目布局。通过规划水资源论证和取水许可管理,强化各个部门的发展规划和取水管理,抑制不合理用水需求项目落地,从源头确保与水资源相适应的经济社会发展规模和布局。围绕优势产业综合布局并推进新兴产业发展,提高质量效益,实现绿色发展。第一产业,立足资源优势,在稳定粮食生产的基础上,发展特色产业,立足实际调减水田面积,压减过剩、低效、高耗水的粮食作物,增加短缺、高效、低耗水的经济作物种植,优化种植结构,推进区域化布局;第二产业,将工业园区打造成为新型工业化的重要增长极,实现集聚发展,保障其取水需求,从而带动区域经济发展;第三产业,立足区域特色,发展旅游业,使之逐渐成为支柱产业。

2.全面落实国家节水行动

一是省水利厅、省发展改革委联合印发《江苏省节水行动实施方案2021年部门工作任务》,累计完成23个县(市、区)的国家级县域节水型社会达标建设、11个县(市、区)的省级节水型社会示范区建设、491家省级节水型载体创建等。建立节约用水联席会议制度,研究解决节水规划编制、水效领跑者评选、节水型工业园区建设等问题,推动各成员单位合力推进节水型社会建设。

二是强化节约用水监管。对重点行业的重点用水大户开展节约用水监督检查,编制监督检查工作报告。按照节水评价制度有关要求,指导地方加强节水评价台账管理,开展涉水规划和建设项目节水评价工作。

三是建立并发布国家、省、市三级重点监控用水单位名录,及时报送国家重点监控用水单位用水信息,将重点监控用水单位监管纳入节水监督检查和日常管理,加强直报数据与信息系统监控数据校核比对,确保信息真实、准确。将万元国内生产总值用水量列为全省高质量发展综合考核约束性指标,用水效率、节水重点任务等工作纳入对市

(县)政府最严格水资源管理制度考核内容。

四是推进节水型企业建设。以钢铁、火电、纺织、造纸等高耗水行业为重点,加大节水型企业建设力度。

五是持续推进节水型灌区建设。制定出台省级节水型灌区建设评价标准,高效节水灌溉建设任务全面完成。

六是深入推进节水型社会建设。分5批次累计完成68家国家级县域节水型社会达标建设。制定水利行业节水型单位建设方案,将有关任务纳入最严格水资源管理制度考核,累计完成131家水利行业节水机关建设。

3.严格取用水监管

一是进一步规范取水口监督管理。印发《江苏省取水许可实施细则》,应开展水资源论证的建设项目全部进行论证后审批取水许可。规范取水许可验收、发证、延续、变更和注销等工作,严格取水用途管制。规范取水计量设施安装运行,按规定定期进行检测或校准,建立取水计量台账,并按要求填报取水统计报表。

二是严格实施用水强度控制。强化计划用水管理,自备水源取水户和规模以上自来水用户全面实行计划用水管理,用水计划下达率100%。依据用水定额等标准严格用水计划核定和管理。执行超计划累进加价制度,对超计划用水户及时预警,足额征收水资源费。依据用水定额编制相关技术导则和实际用水计量监测数据,在2020年已完成第5轮工业、服务业、生活用水定额修订和新一轮农业灌溉用水定额修订、林牧渔业用水定额制定的基础上,全面评估用水定额的规范性、先进性、覆盖性,并印发部分行业补充用水定额。

4.深入推进产业节水减排

推进工业园区节水减排。例如,吴江区推进工业节水改造,促进高耗水企业废水深度处理和达标再利用。积极推行水循环梯级利用,促进企业间串联用水、分质用水,一水多用和循环利用。引导新建企业和园区在规划布局中统筹供排水、水处理及循环利用设施建设,推动企业间的用水系统集成优化。推动高耗水行业节水增效,严控高耗水行业产能扩张,开展水平测试200家和用水审计25家。推动工业企业绿色发展和产业转型升级,加快淘汰高耗水工艺、技术和设备,推广使用节水器具,建设1家节水型工业园区。依托吴江纺织循环经济产业园开展工业园区水资源论证区域评估、优化取水许可审批流程、产业园区用水规范管理。结合产业园区功能定位、产业布局,明确提出产业园区的用水总量、用水效率控制目标,提出项目准入的用水定额标准和相关管理要求。推行取水许可告知承诺制,提出适用取水许可告知承诺制的项目类型和具体要求。提升产业园区水资源节约集约利用水平,对产业园区内工业水厂、污水处理厂和企业主要用水单元安装分级计量监控设备,构建产业园区分级计量在线监控体系,实时掌握水厂和企业内部新水取用和中水回用情况,做到产业园区和内部企业取用耗排全监控,实现企业在线水平衡测试和水效评估分析。

在再生水利用方面,完善再生水利用产业链条,电力工业、城市绿化、市政环卫、生态景观等优先使用再生水。例如,苏州市出台了《苏州市节约用水条例》(修改版),鼓励设计日处理能力 5 万 m³ 以下的污水处理厂配套建设再生水利用系统。规定工业集聚区应当统筹规划建设集中式污水处理设施和再生水利用系统。污水处理厂应当加强再生水利用系统管理,确保再生水利用设施正常运转,水质符合国家再生水水质标准。吴江区以纺织、印染等高耗水行业为重点,推进污水处理再生利用系统建设,扩大废水循环利用及中水回用工程规模,合理确定污水再生利用的输配水方式、规模、布局和建设方式,大力推进工业集聚区循环用水。

5.推进产业生态化

近年来,江苏省在推进产业生态化方面开展了大量实践,以南京市为例,因地制宜推动粮食生产功能区、重要农产品生产保护区建设,大力发展生态循环农业和智能农业,积极发展绿色有机种植和生态健康养殖业,打造一批优质稻米绿色蔬菜产业化基地及畜禽生态健康、水产健康养殖示范基地,积极创建国家绿色农业发展示范区。2019年,国务院同意把南京市白马国家农业科技园区建设成国家农业高新技术产业示范区。该园区利用高科技监测农作物生长过程的形态变化,精准培育高产、优质、绿色的作物品种;推进"美丽乡村＋特色产业"、休闲旅游、新型经营主体等绿色持续发展模式,打造现代休闲农业旅游区。

在建筑产业绿色化发展上,以发展绿色建筑为方向,以新型建筑工业化生产方式为手段,以住宅产业现代化为重点通过标准化设计、信息化管理,提升建筑品质,推行绿色施工,实现节能减排,改善人居环境。此外,通过出台《南京市公共建筑能效提升重点城市建设项目和资金管理办法》,促进公共建筑绿色升级。在汽车产业绿色化发展上,采取一系列措施,积极推进汽车产业的转型升级。37 家新能源汽车相关企业联结成新能源汽车运营产业联盟,并积极开展新能源汽车产业链合作。大力推动化工企业开展清洁生产,规范化工园区发展,淘汰环保不达标技术低端落后的企业,推动化工产业向集中化、特色化、基地化方向转变,支持符合条件的化工园区创建国家新型工业化示范基地。

6.充分发挥市场手段作用

一是完善节水激励机制。省政府出台大力发展绿色金融的指导意见,鼓励金融机构向电力、钢铁等高耗水企业节水减排项目提供特色绿色信贷产品。创新出台实施"节水贷"政策,全年累计发放贷款 19.64 亿元,惠及 121 家企业单位,对省级节水型载体按规定标准的 80% 征收水资源费。省级财政每年安排 6000 余万元专项资金支持节水工作。多部门联合推进合同节水管理,全年共实施 20 项合同节水管理项目。

二是通过价格杠杆大力推进非常规水源利用。《江苏省节约用水条例》明确将非常规水源纳入水资源统一配置,印发《关于进一步加强非常规水源利用的指导意见》,盐城、常州等地编制非常规水源利用规划。通过价格杠杆,建设非常规水源利用项目等措施,切实将非常规水源纳入水资源统一配置。积极推进非常规水利用,全年非常规水利用量达 13.5 亿 m³,占全省用水总量的 2.4%。

三是加强水价改革。在 2020 年全面完成农业水价综合改革任务的基础上,为督促各地落实好改革经费,巩固农业水价综合改革成果,印发《关于巩固深化农业水价综合改革成果的通知》,组织开展改革工作"回头看"等。落实水资源费征收政策,严格依法足额征收水资源费,全年征收水资源费 18.2 亿元。

三、浙江省

(一)基本情况

1.水资源禀赋

浙江省地处亚热带中部,属季风性湿润气候,气温适中,四季分明,光照充足,雨量丰沛。年平均气温在 15～18℃,年日照时数在 1100～2200h,年均降水量为 1100～2000mm。1月、7月分别为全年气温最低和最高的月份,5月、6月为集中降雨期。2022年,浙江省平均降水量 1567.0mm,较上年降水量偏少 21.4%,较多年平均降水量偏少 3.4%。2022年,全省水资源总量 934.27 亿 m³,较上年水资源总量偏少 30.5%,较多年平均水资源总量偏少 4.3%。

2.产业发展概况

据统计,2022年,全省生产总值为 77715 亿元,比上年增长 3.1%。从分产业看,第一、二、三产业增加值分别为 2325 亿元、33205 亿元和 42185 亿元,比上年分别增长 3.2%、3.4% 和 2.8%,三次产业结构为 3.0∶42.7∶54.3。人均地区生产总值为 118496元(按年平均汇率折算为 17617 美元),比上年增长 2.2%。

3.水资源开发利用情况

2022年,全省年总用水量 167.81 亿 m³。其中:农田灌溉用水量 61.66 亿 m³,占 36.7%;林牧渔畜用水量 11.74 亿 m³,占 7.0%;工业用水量 35.39 亿 m³,占 21.1%;城镇公共用水量 18.96 亿 m³,占 11.3%;居民生活用水量 33.51 亿 m³,占 20.0%;生态环境用水量 6.57 亿 m³,占 3.9%。

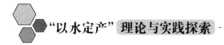

(二)主要做法

1.强化规划引领作用

省水利厅联合省发展改革委组织编制了《浙江省水资源保护和开发利用总体规划》。自 2019 年起,启动了新一轮全省水资源节约保护和利用总体规划编制工作,根据《浙江省国民经济和社会发展第十四个五年规划和二〇三五远景目标纲要》和基准水平年 2020 年的实际情况,预测至 2025、2035 水平年,全省及各地市人口、生产总值、工业增加值等变化情况,并核算用水需求,对未来水资源承载能力、约束底线、利用上限和供需关系进行分析核算,谋划全省及各市水资源配置格局和相关调配工程,形成浙江水资源保障网,未来 15 年将全力做好全省水资源保障工作。水资源节约保护和利用总体规划在考虑契合高质量发展下对生活综合用水和工业用水的需求外,更注重农业和生态用水量的计算。农业需水以提高灌溉水利用效率和效益为核心,以大中型灌区节水改造、农业水价综合改革为抓手,进一步加强灌区计量、监控等基础设施改造,建成与水土资源条件、现代化农业发展要求相适应的节水灌溉体系,相关土地数据参照第三次全国国土调查最新数据进行需求分析。提出了规划期内全省水资源保护和开发利用的总体布局方案,指导未来一段时期水资源节约、保护、开发利用工作。

2.强化取用水监管

一是实行总量强度双控。印发《浙江省节约用水"十四五"规划》,建立"十四五"省、市、县三级行政区域用水总量和用水效率控制指标体系;印发《浙江省水利厅关于下达浙江省地下水管控指标的函》,明确地下水三级用水总量管控、45 个平原区县(市、区)地下水水位控制指标;研究构建综合评价指标体系,起草制定《浙江省水资源综合评价管理办法(试行)》。

二是严格规范水资源论证。贯彻"四水四定"要求,落实国土空间规划、高耗水产业规划水资源论证工作。加强水资源论证审查把关,制定建设项目水资源论证质量评价工作方案,对区域水资源论证成果报告开展质量评价和通报。研究制定《浙江省规划和建设项目节水评价技术指南(试行)》,明确评价范围、评价重点、技术要求、审查标准和工作机制,指导全省规范开展节水评价工作。加强规划和建设项目节水评价台账管理,组织开展成果抽查,从严叫停审查不通过项目。

三是加强取用水管理。2012 年以来,先后两期开展了水资源监控能力建设,建成了省级水资源管理平台和覆盖全省年许可水量 5 万 m³ 以上非农取水户的取水监控体系。建成省、市、县三级通用的取用水管理平台,形成在线监测数据接收处理、取水许可电子证照发放、取水量核定、取水计划管理等 10 余项通用业务功能。在全省范围内开展取用水监测计量扩能提标行动,加快实现工业、生活、服务业取水口在线计量全覆盖,分类推进农村饮用水工程和农业灌区取水监测计量,同步推进取水设施标准化建设,加强取水监测计量设备运维,建立了用水数据监测体系。

3.全面落实国家节水行动

一是印发《浙江省节水行动实施方案》。2020 年 6 月,印发《浙江省节水行动实施方案》,构建形成"168"结构体系和总体任务部署,即:实行一项总量强度双控行动,推进六大领域(农业节水增效、工业节水减排、城镇节水降损、非常规水利用、节水标杆引领、节水装备制造)工程建设,创新八项(水价改革、税费改革、节水奖励、产权改革、节水融资、水效标识、定额管理、监测统计)体制机制政策,目标是把浙江建设成为南方地区乃至全国实施节水行动的标杆省份。

二是出台水资源费相关减免政策。出台《浙江省节水型企业水资源费减征管理办法》,进一步激发企业节水内生动力,促进水资源节约集约利用。规定:浙江省级节水型企业水资源费按规定标准的 80% 征收;浙江省级节水标杆企业水资源费按规定标准的 50% 征收;国家重点用水企业"水效领跑者"按浙江省级节水标杆企业减征标准执行。

4.开展"五水共治"

2014 年,中共浙江省委作出《关于建设美丽浙江创造美好生活的决定》,要求坚定"绿水青山就是金山银山"的发展思路,深入开展"五水共治",治污水、防洪水、排涝水、保供水、抓节水齐抓共治、协调并进。一是省市县都建立了"五水共治"工作机构,党政"一把手"担任领导小组组长,党委或政府分管领导担任治水办主任,并抽调人员集中办公,全省共抽调 1925 名同志到各级治水机构工作。各地结合实际细化深化,出台"五水共治"实施方案和行动计划,明确各自的治水目标任务,层层挂出路线图、作战图、时间表、任务表。

二是突出重点行业整治,坚持源头治水,促进治水与转型互动。深化重污染高能耗行业整治提升,淘汰关停造纸、印染、化工企业 978 家,原地整治提升 1550 家,搬迁入园 182 家。依法调整划定禁限养区,禁养区养殖场一律关停或搬迁,限养区养殖场依法限期整治,宜养区养殖场确定养殖规模、推进转型升级。

三是构建组织推进机制,制定了省"五水共治"工作领导小组工作规则、成员单位职责分工、工作考核办法、工作督导方案,明确了治水体制机制建设的框架、内容和方向,不断探索深化目标指标体系、标准评价体系、考核体系、组织领导体系、多元监督体系、市场机制、上下游协调机制、全民参与机制等制度建设。把河长制和交接断面水质考核制度结合起来,把地方政府负责制与领导分工负责制结合起来,建立河长制工作考核办法和河长制水环境监测评价实施方案。

5.推进非常规水利用

一是将非常规水纳入水资源统一配置。确定"十四五"再生水利用率、海水淡化产能规模等指标,推动非常规水利用工程建设,中央和省级节水专项资金优先支持再生水利用试点项目。2021 年,全省非常规水利用量达 3.9 亿 m³,占全年用水总量的 2.3%,缺水城市平均再生水利用率达 21% 以上。

二是开展典型地区再生水利用配置试点。为提高污水再生利用率,促进经济社会发展全面绿色转型,省水利厅会同省发展改革委、省建设厅、省经信厅、省自然资源厅、省生态环境厅开展典型地区再生水利用配置试点,拟定宁波市、长兴县、义乌市、玉环市、平湖市、绍兴市柯桥区等 6 个省级试点城市名单。

6.发挥市场机制作用

一是积极探索生态补偿市场化、社会化渠道,积极开展水权交易等领域试点。推进省内跨行政区流域水量分配工作,组织完成钱塘江、瓯江、飞云江流域水量分配工作。推进取用水管理专项整治行动,规范用水统计调查管理,进一步奠定可交易用水总量控制指标基础。召开协调会,加快推动新安江流域淳安建德水资源使用权交易落地,指导优质水资源价值核算和交易方式、交易流程、交易期限、交易价格等研究。推动宁海县国能浙江宁海发电有限公司与昱源环保等多家取水户间水权交易前期协调和对接,探索在取水许可量大于企业实际用水量时,将部分取水权转让给用水量存在缺口的其他企业,从而实现水资源的优化配置。2021 年,宁海县在摸排、分析和协商的基础上,国能浙江宁海发电有限公司的水权转让交易试点工作的转让方与受让方基本达成协议。在舟山定海区开展农村集体经济山塘水库用水权交易前期研究。

二是水利厅联合中国人民银行杭州中心支行,在全省开展"节水贷"融资服务探索,为节水企业等提供城乡供水节水、国家及省级节水型城市建设、节水型社会建设、污水资源化利用、农业节水增效、工业节水减排、城镇节水降损、节水产品和装备制造、节水技术研发、节水载体创建、专业第三方节水服务等水资源集约高效利用领域的项目建设、节水改造和流动性资金需求。

三是严格按照国家发展改革委等 4 部委《关于深入推进农业水价综合改革的通知》(发改价格〔2021〕1017 号)要求,推进大型和重点中型灌区的成本核算和价格调整,开展一般中型灌区供水成本核算和价格核定。按照总体上不增加农民负担的原则,考虑供水成本、水资源状况、农户承受能力及精准补贴政策等因素,稳妥、合理调整农业水价。各地依照已出台的农业水价成本监审和价格核定办法,完善定价调价机制,进一步理顺分级水价、分类水价和分档水价,全省农业水价总体达到运行维护成本水平。如衢州市发展改革委、财政局、水利局于 11 月 23 日联合印发《关于调整铜山源水库灌区农业水价的通知》,将灌区水价从 4 元/亩增加至 12 元/亩。分级水价方面,全省 53 个大型、重点中型灌区和 56 个一般中型灌区初步完成了成本核算,编制了成本核算报告。分类水价方面,各地根据当地种植养殖业结构,均制定了县域粮食作物、经济作物等的分类水价。

分档水价方面,2019 年,各地均已制定了超定额累进加价制度。如温岭市以市政府价格审批方式,核定全市农业水价为:喷微灌 0.323 元/m³、渠道灌溉 0.136 元/m³,同时,划分超过 10% 以内、10%～30%、30% 以上 3 个档次,执行现行水价 1 倍、1.1 倍、1.2 倍计收的分档水价。

四、湖北省

(一)基本情况

1.水资源禀赋

全省水资源较为丰沛,多年平均降水量 1164mm,折合降水量 2164 亿 m³。多年平均水资源总量 1011 亿 m³,其中:地表水资源量 989 亿 m³,地下水资源量 290 亿 m³,地下水资源与地表水资源不重复量 21.67 亿 m³。长江干流多年平均入境水量 4141 亿 m³,洞庭湖多年平均入境水量 2762 亿 m³,长江干流多年平均出境水量 7201 亿 m³。

2.产业发展概况

根据《2022 年湖北省国民经济和社会发展统计公报》,全省生产总值为 53734.92 亿元,按可比价格计算,比上年增长 4.3%。其中:第一产业增加值 4986.72 亿元,增长 3.8%;第二产业增加值 21240.61 亿元,增长 6.6%;第三产业增加值 27507.59 亿元,增长 2.7%。三次产业结构由 2021 年的 9.3∶38.6∶52.1 调整为 9.3∶39.5∶51.2。在第三产业中,交通运输仓储和邮政业、批发和零售业、住宿和餐饮业、金融业、房地产业、其他服务业增加值分别增长 0.1%、1.7%、0.9%、5.6%、－2.7%、4.6%。人均地区生产总值为 92059 元,按可比价格计算,比上年增长 3.4%。

3.水资源开发利用情况

据《2021 年湖北省水资源公报》,全省总用水量 336.14 亿 m³,其中:地表水 330.49 亿 m³,占总用水量的 98.3%;地下水 5.38 亿 m³,占总用水量的 1.6%;其他水源 0.27 亿 m³,占总用水量的 0.1%。按农业、工业、生活统计,农业用水量 174.45 亿 m³,占 51.9%;工业用水量 85.58 亿 m³,占 25.5%;生活用水量 76.11 亿 m³,占 22.6%。全省人均用水量 581m³,万元地区生产总值用水量 67m³,万元工业增加值用水量 555m³,农田灌溉水有效利用系数 0.533。2021 年,全省长江干流开展水质监测评价河长共计 10449km,整体水质评价结果为 Ⅱ 类水。

(二)主要做法

1.健全部门联动协调机制

充分发挥河湖长制平台作用,坚持每年围绕一个主题,先后发布 6 个省级河湖长令,连续开展了碧水保卫战迎春、清流、示范建设、攻坚、净化、专项整治系列行动,督促各级河湖长及相关职能部门,压茬推进河湖重点领域涉水事项。通过实施最严格水资源管理考核、节约用水厅际协调机制等,会同省发展改革委等部门合力落实水资源刚性约束制度,并将水资源总量和强度双控相关内容纳入全省国民经济和社会发展第十四个五年规划纲要、国土空间规划、生态环境保护规划、水安全保障规划等,共同促进"以水定产"政策落实、落地、落细。

2.国土空间规划中落实水资源刚性约束

在省级国土空间规划成果中严格落实底线约束要求,指导各地在编制国土空间规划过程中充分落实水资源保护及约束要求。制定发布了湖北省市级、县级、乡镇级国土空间规划及村庄规划的编制规程,明确各级国土空间规划编制中落实优化生产、生活、生态用水结构和空间布局要求,确定用水总量和湿地面积,制定水资源供需平衡方案,优化用水结构,重视雨水和再生水等非常规水资源的利用,建设节水型城市。确定水体保护等级和要求,严格落实地表水源保护区、地下水源涵养区等水生态保护区,明确湿地公园和水源地保护范围,提出保护要求。此外,开展了一系列水资源相关的重大专题研究,如省级资源环境承载能力和国土空间开发适宜性评价、国土空间开发保护现状与风险评估、水资源利用和保护空间布局研究等,评估全省水资源与水环境、水生态、水灾害等方面的问题,实施水资源消耗总量和强度双控,将用水总量指标、保障水资源平衡及水生态安全要求等内容在省级国土空间规划成果中予以明确。

3.全面落实国家节水行动

一是2021年9月出台了《湖北省节约用水条例》,明确规定:"县级以上人民政府应当根据水资源承载能力,科学规划和调整区域空间布局、产业结构、人口规模。"2022年,水利厅联合省发展改革委联合印发了《湖北省节约用水"十四五"规划》,提出了"十四五"时期全省节约用水的规划目标、主要任务、重点领域和保障措施。水利厅推进各地结合省规划和本地产业布局,制定本地区节水"十四五"规划,落实以水定产要求。

二是全省建立了省、市、县水资源管理"三条红线"控制指标体系,将主要控制指标纳入地方党政领导干部考评体系,作为领导干部自然资源资产离任审计的重要内容。以中央全面推行河长制、湖长制为契机,将最严格水资源管理与河湖长制考核紧密结合,实施水资源消耗总量和强度双控行动,严格执行取水许可审批制度,严格规范取用水监督管理,有力加强了各级党委、政府对最严格水资源管理的重视,提高了水资源集约节约利用水平。

三是建立完善用水定额体系管理,先后修订颁布《湖北省工业和生活用水定额(修订)》《湖北省农业灌溉用水定额(修订)》《湖北省部分主要工业行业定额(5个部分)》,推进《湖北省节水农业示范区评价标准》立项。加快推进节水型社会建设,全省已有 21 个县(市、区)完成县域节水型社会达标建设,建成率超 20%。

4.统筹水资源开发利用强度

一是坚持重点河流应分尽分的原则,加快推进江河流域水量分配。已组织开展 20 条跨地市重要江河水量分配,其中累计完成清江、府澴河等 18 条河流水量分配方案并经省政府同意印发执行。指导各地市推进跨县河流水量分配,宜昌市、襄阳市、十堰市等地市陆续完成了本行政区内黄柏河、天池河、渔洋河、清江、滚河、堵河等跨县河流水量分配工作。组织划定地下水管控指标,印发了全省地下水取用水总量、水位控制指标,开展地下水超采区评价及复核,指导各地进一步加强地下水开发利用和地下水资源管理保护。

二是推进规划及区域水资源论证。对重大产业布局和各类开发区(新区)开展规划水资源论证,把水资源作为区域发展、产业规划和项目建设布局的刚性约束,严格将经济活动限定在区域水资源承载能力范围之内。指导荆州市完成各类园区规划水资源论证 11 处,指导潜江市完成城市总体规划水资源论证,推进武汉市开展长江新城规划水资源论证等,推动了区域产业结构调整和发展方式转变,促进了经济社会发展布局进一步优化。印发了《湖北省推行水资源论证区域评估和取水许可告知承诺制的指导意见》,结合各类开发区、工业园区、新区、产业集聚区等功能区定位及产业布局,推进水资源论证区域评估,明确区域用水总量和用水效率控制目标,提出项目准入标准及相关管理要求,促进区域经济社会发展与水资源条件相协调。指导宜都市人民政府以县域为单元完成了宜都市水资源论证区域评估,武汉市等地市也陆续开展了相关功能区的水资源论证区域评估工作。

5.引导产业结构转型升级

一是倒逼化工企业转型升级。以长江大保护为重点,以水环境质量改善为核心,坚持"减排、增容"两手发力,做好工业、生活、农业、航运污染"四源齐控",推进"水资源、水生态、水环境"协同共治。全省关改搬转沿江化工企业 417 家,破解"化工围江"难题;清查入河排污口 12480 个,完成 178 座尾矿库闭库任务;取缔长江、汉江干线各类码头 1211 个、576 个,岸滩复绿面积累计超过 8560 万 km²。省级财政安排 300 亿元政府专项债券,支持建成运行 828 座乡镇污水处理厂,实现建制镇污水治理全覆盖。县城以上污水处理设施全面提标,12 个地级及以上城市建成区基本消除旱天污水直排,214 个黑臭水体全部整治销号。狠抓工业污染治理,关闭取缔造纸、制革、印染等"十小"企业 158 家,新增关闭小选矿、小冶炼、小塑料、小化工 1079 家(生产线),101 家省级及以上工业集聚区建成污水处理设施。将断面水质与生态补偿金和磷矿开采量奖罚紧密挂钩,倒逼化工企业转型升级,流域磷矿年开采总量由 1300 万 t 压减到 1000 万 t。荆门市大力推行磷石膏

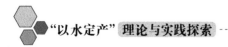

"以用定产",将企业消纳磷石膏情况与磷酸等生产挂钩,倒逼加大磷石膏无害化处理和资源化综合利用,防范磷污染风险。

二是指导工业企业开展节水型企业标准对标达标。在火力发电、钢铁、纺织、造纸、石化和化工、食品和发酵等重点用水行业持续开展节水型企业创建,促进高耗水行业节水增效。发挥先进企业的引领示范和典型带动作用,推广节水型企业先进经验,引导工业企业进一步对标达标,加强节水管理,提高工业用水效率。修订钢铁等8种主要工业用水定额,编制水产养殖等4种用水定额及节水型灌区标准,完成了《湖北省主要工业行业用水定额(5个部分)》。积极开展节水工艺、技术和装备的推广应用有关工作。积极推广应用《国家鼓励的工业节水工艺、技术和装备目录(2021年)》。严格控制入河湖排污总量,新增污染物排放的建设项目必须执行总量排放等量或倍量替代要求,引导、倒逼企业提升清洁化生产水平。鼓励采用先进的工业节水工艺、技术,推进企业提升污水再生回用率、工业用水重复率,强化工业节水减排。在园区规划环评中,开展资源承载力分析,合理确定园区水资源利用上线,提出园区循环化发展的优化建议,明确园区水资源利用强度及中水回用指标,强化园区内部用水管理,积极推进再生水循环利用城市试点。

6.推进水价改革与水权交易

印发农业水价综合改革年度实施计划,确定年度改革任务。对改革进度滞后的县(市、区),实行双通报双督办机制。全省2021年新增694.05万亩改革任务,实际完成1035.4万亩。以探索建立丰水地区水权交易机制为出发点,结合水资源管理实际,提出省水权交易工作目标、重点内容、实施步骤、保障措施等,规范、培育水权交易市场。2021年,起草完成省水权交易相关制度。在水资源管理基础较好、配置条件较为成熟的宜昌市,选取显现出用水紧张情况的枝江市石鲁灌区和当阳市玉泉河,本着确有需求、公平高效、安全可持续、多方共赢的原则,开展水权交易试点。

五、广东省

(一)基本情况

1.水资源禀赋

广东省降雨丰沛,水资源总量丰富。根据广东省第三次水资源调查评价成果,全省多年平均(1956—2016年系列,下同)年降水深1787mm,约为全国多年平均降水深的2.74倍,位居全国各省第一(不含港澳台地区),折合水量约3173亿 m^3;多年平均水资源总量约1843亿 m^3。

水资源自然禀赋条件存在以下特点。

一是水资源总量丰富但地区分布不均。广东省水资源在地区上的分布很不均匀。粤西沿海高值区中心阳春仙家洞站的多年平均降水量达 3124mm,而粤西雷州半岛低值区中心徐闻迈陈站仅 1156mm,高值区最大值约为低值区最小值的 3 倍。粤西沿海高值区中心的多年平均年径流深可达 2000mm,而雷州半岛低值区中心仅 400mm,高值区最大值为低值区最小值的 5 倍。在降水低区,如雷州半岛易遭受干旱影响。沿海平原地区(如汕尾、深圳、珠海、台山、湛江等)河流短促,难以修建水库工程,大量的入境水量和洪水直接排入大海,这些地区也常遭受缺水的威胁。

二是水资源年内分配高度集中且年际变化大。广东省降水、径流年内分配极不均匀,丰枯变化显著,汛期降水量大、径流量大,枯季降水量小、径流量小。年内降水多集中在汛期 4—9 月,占全年降水量的 67%～86%;枯季 10 月至次年 3 月降水量仅占 14%～33%;汛期径流量占全年径流量的比例为 66%～83%,连续最大 4 个月径流量占全年比例为 48%～67%,一半以上的径流量为不可利用的洪水;枯水期径流量仅占全年的17%～34%,年内分配高度集中。广东省降水量年际变化较大,最大年降水量一般是最小年降水量的 1.7～3.2 倍,并且出现过连续丰水年或连续枯水年的情况。降水量和径流量的年内高度集中和年际变化大是造成区域水旱灾害、水资源供需矛盾的主要原因。

三是本地水少,入境水大,水资源与经济社会发展不匹配。广东省人均水资源量不高。按 2021 年全省人口计,广东省人均年占有水资源量为 1458m³,仅为全国人均占有的水资源量 2000m³ 的 72.9%。在 21 个地级行政区中,人均水资源量小于 1700m³ 缺水警戒线标准的地市共 10 个,占比 47.6%;人均水资源量小于 1000m³ 的重度缺水地市共 7个;人均水资源量小于 500m³ 的极度缺水地市共 6 个,为广州、深圳、汕头、佛山、东莞、中山等地市,人均多年平均水资源量分别为 405m³、121m³、335m³、311m³、221m³、400m³。极度缺水的广州、深圳、汕头、佛山、东莞、中山 6 市水资源总量占全省的 10.1%,总人口占全省的 52.4%,生产总值占全省的 71.4%,水资源占比与经济社会发展布局不相匹配。广东省过境水量 2332.4 亿 m³,约为本地水资源量的 1.3 倍,广州、深圳、佛山、东莞等城市供水主要取自过境的西江、东江、北江,对过境水的依赖性高。

2.产业发展概况

根据《2022 年广东省国民经济和社会发展统计公报》,2022 年,广东实现地区生产总值(初步核算数)129118.58 亿元,比上年增长 1.9%。其中:第一产业增加值 5340.36 亿元,增长 5.2%,对地区生产总值增长的贡献率为 11.8%;第二产业增加值 52843.51 亿元,增长 2.5%,对地区生产总值增长的贡献率为 52.9%;第三产业增加值 70934.71 亿元,增长 1.2%,对地区生产总值增长的贡献率为 35.3%。三次产业结构比重为 4.1:40.9:55.0,第二产业比重提高了 0.4 个百分点。人均地区生产总值 101905 元(按年平均汇率折算为 15151 美元),增长 1.7%。

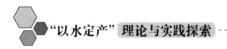

3.水资源开发利用情况

2022年,全省供水总量401.7亿 m³(不包括对香港、澳门供水9.1亿 m³),比2021年减少5.3亿 m³。其中:地表水源供水量383.5亿 m³,占95.5%;地下水源供水量6.5亿 m³,占1.6%;非常规水源(包括再生水厂、集雨工程、海水淡化设施供水量以及矿坑水、微咸水利用量)供水量11.7亿 m³,占2.9%。与2021年相比,地表和地下水源供水量均有所下降,非常规水源利用量明显提升。粤港澳大湾区广东9市供水总量217.8亿 m³,比2021年减少3.2亿 m³。全省海水直接利用量535.9亿 m³。

全省用水总量401.7亿 m³。其中:农业用水量198.7亿 m³(比2021年减少5.5亿 m³),占总用水量的49.5%;工业用水量73.4亿 m³(比2021年减少4.8亿 m³),占总用水量的18.3%;生活(包括居民生活和城乡公共)用水116.7亿 m³(比2021年减少1.2亿 m³),占总用水量的29.0%;人工生态环境补水量12.9亿 m³(比2021年增加6.2亿 m³),占3.2%。按生产(包括农业、工业和城乡公共)、生活(指居民生活)、生态划分:生产用水量309.6亿 m³,占用水总量的77.1%;居民生活用水量79.2亿 m³,占19.7%;人工生态环境补水量12.9亿 m³,占3.2%。

粤港澳大湾区广东9市人口密集,经济总量大,用水总量217.8亿 m³,占全省用水总量的54.2%。其中:人工生态环境补水量11.4亿 m³,占全省人工生态环境补水量的88.2%;工业用水量62.5亿 m³,占全省工业用水量的85.2%;生活用水量81.0亿 m³,占全省生活用水量的69.4%;农业用水量62.9亿 m³,占全省农业用水量的31.7%。

(二)主要做法

1.促进区域产业布局与水资源承载能力相协调

从源头把控和引导,建立健全覆盖流域与区域、地表与地下的用水总量控制指标体系,以水资源的刚性约束倒逼产业绿色转型升级,在保障经济社会持续高质量发展的同时,全省用水总量得到有效控制。建立健全省、市、县三级行政区用水总量管控格局,组织编制广东省用水总量管理办法,国家下达的2030年用水总量控制指标全部分解落实到县级行政区。落实分水到河,累计批复实施东江、西江、北江、韩江、鉴江等14条跨市、28条跨县(区)江河水量分配方案,省内主要江河已基本实现应分尽分。科学确定和维持河湖生态流量,累计确定13条省级、46条市(县)级重点河湖生态流量管控目标。坚持"调水、节水两手都要硬",率先实施覆盖全省主要江河的省级流域管理,统筹实施水量调度及生态流量管控,充分发挥水资源最大效益。面对60年来最严重旱情,建立"日监控、日会商、日调度"的精细精准调度机制,实施主要断面流量目标动态管控,有力保障了香港、澳门安全优质供水,有效维护了全省生产生活生态用水安全。

2.全面落实国家节水行动

全面推进落实国家节水行动和广东"节水九条",建立省政府分管副秘书长为召集人、省水利厅和发展改革委等19个部门负责人组成的省级节约用水工作联席会议制度，加快推进用水方式由粗放向节约集约转变。全省累计建成43个节水型社会达标县（区）、35所节水型高校、97家省级公共机构节水型单位、108家水利行业节水机关。万元地区生产总值用水量和万元工业增加值用水量25年间下降九成以上，深圳等城市用水效率走在全国前列。

全面修订并发布新一轮广东省用水定额，共516项7183个定额值，涉及国民经济行业分类中的61个行业大类和179个行业中类，覆盖全省约90%以上产品用水量。同时，鼓励各地级以上市结合实际工作需要补充制定国家、省定额以外的行业产品用水定额。例如，东莞市于2021年9月3日在全国团体标准信息平台上发布造纸产品、啤酒制造、农业三项用水定额团体标准。严格按照用水定额核定用水计划，开展计划用水管理规范性核查，进一步强化定额约束作用。严格执行非居民用水超定额超计划累进加价制度，对超计划用水户及时预警。

积极推进重点领域节水，省工业和信息化厅积极引导用水企业开展清洁化改造，实施清洁生产审核，推广节能、节水、减排先进适用技术，提升企业用水效率。2021年共推动全省1800余家企业完成清洁生产审核，企业通过开展清洁生产，实现年节水951万 m³ 减排废水746.8万 m³。在全省范围内持续开展工业园区循环化改造，推动园区节水改造和中水回用、循环用水、废水处理设施建设，推进企业间串联用水。截至2021年底，累计推动全省134家园区开展循环化改造，省级以上园区循环化改造比例超80%。将再生水、雨水、海水等非常规水纳入水资源统一管理和配置，逐步提高非常规水源利用量在供水量中的比重，着力构建多元用水格局，增强水安全保障能力。广州、深圳、东莞等市开展再生水利用配置试点工作；湛江、茂名等市印发非常规水资源管理办法，明确加强非常规水源利用的具体措施。

3.严格建设项目水资源论证和取水许可规范化管理

推动相关行业规划、重大产业和项目布局、各类开发区和新区规划开展水资源论证，从源头促进经济结构及产业布局与水资源承载能力相协调。省自然资源厅编制的国土空间规划明确提出加强水资源利用管理，落实最严格水资源管理制度，将用水总量纳入省、市、县、镇级规划指标管控体系，并作为约束性指标进行管理。省农业农村厅编制高标建设规划时充分考虑水资源条件，明确高标建设规划要衔接大中型灌区规划、水资源配置等水利相关规划，科学确定高标建设布局，加强与水利灌溉项目衔接，优先将大中型灌区内有效灌溉面积建成高标准农田。农业生产布局充分考虑水资源条件，宜农则农、宜牧则牧、宜林则林、宜草则草，对水资源缺乏地区引导采取轮作休耕、结构调整、发展旱作农业等措施实现以水定产，推动农业布局结构规模与水资源承载能力相协调。

组织编制《取水许可监督管理实施细则》,扎实开展取用水管理专项整治行动,重点整治未经批准擅自取水等违法违规取用水行为,健全取水口监管长效机制。积极推进水资源论证区域评估,印发《广东省水资源论证区域评估技术指南(试行)》。"十三五"以来全省共完成 3666 个建设项目水资源论证和 54 项规划水资源论证,核减不合理取水量 7.7 亿 m³。深入落实"放管服"改革,提前半年完成 1.3 万余宗取水许可证电子化转换任务,全省取水许可全面进入电子化时代。深圳市试点探索区块链技术在水资源管理中应用的新模式,助力政务服务效能全面提升;中山市实现取水许可事项"免证办""不见面审批",高效率推进"一网通办"。落实水资源有偿使用制度,2021 年,全省征收水资源费超 34 亿元,连续多年高居全国首位。

4.全面推进河湖生态环境复苏

坚持把健康水生态作为经济社会高质量发展的重点目标,系统抓好河湖生态保护修复、地下水超采治理等工作,全力打造江河安澜、秀水长清的广东幸福河湖,全省水功能区水质达标率连年提升,超额完成国家下达的考核任务。全面建立流域与区域相结合的五级河长体系及工作机制,以高质量建设万里碧道为载体,引领推动水环境改善、水安全提升和水生态修复。2021 年,新增优于 Ⅲ 类水质河道长度 232km、生态岸线 1169km,"河长领治、社会共治"逐渐成为治水新常态。2021 年,全省 149 个地表水国考断面水质优良比例达 89.9%、劣 Ⅴ 类断面比例为 1.4%。深化流域横向生态保护补偿机制,2021 年分别拨付 2.67 亿元粤桂九洲江、粤赣东江、粤闽汀江韩江跨省流域及 3 亿元东江流域省内生态补偿资金,编制完成北江流域省内生态保护补偿方案,有效提升大江大河水质。全省主要供水通道西江、东江、北江、韩江、鉴江等干流水质长期保持优良,其中东江、西江、北江、韩江干流长期为 Ⅱ 类水质。

5.探索南方丰水地区水权交易之路

创建了华南丰水地区水权交易制度体系,颁布实施了全国首部专门规范水权交易活动的地方政府规章《广东省水权交易管理试行办法》,制定印发了《广东省水权交易论证技术指南》。创建了全国首个企业化经营的水权交易平台,建立了面向政府监管的水权交易管理系统和面向水权交易主体、以交易业务为主线的水权交易系统,率先实践了南方丰水地区流域上下游跨行政区域的水权交易,倒逼超许可取水户通过水权交易满足新增用水需求。通过水权改革,利用市场机制盘活了用水指标,在用水总量控制的前提下,解决了东江下游的广州旺隆电厂和中电荔新电厂新增用水指标、深圳和东莞等市经济社会发展面临的用水指标缺口问题,破解东江下游地区用水指标紧缺的瓶颈问题。水权改革探明了利用市场机制优化配置水资源的基本路径,为全国水权工作提供了重要经验借鉴。

第六章 落实"以水定产"的经验启示与存在问题

第一节 经验启示

一、强化顶层设计、建立责任机制是协同推进的关键

推进落实"以水定产",涉及华北地区的经济社会发展规划布局,涉及多个行业、不同部门,只靠水利部门"单打独斗"难以落实,必须从顶层设计上考虑,建立完善的责任机制,落实地方党委政府的责任,从而充分调动各相关部门的积极性,抓好落实。例如,天津市为进一步推进节水型社会建设,市人民政府决定恢复成立天津市建设节水型社会领导小组。副市长任组长,市人民政府分管副秘书长任副组长,成员单位包括市发展改革委、市工业和信息化委、市教委、市科委、市财政局、市建委、市环保局、市园林委、市农委、市水务局。河北省正抓紧编制节水规划,要求各地会同发展改革部门,根据本地经济社会发展和水资源状况,组织编制本级节水规划。

一是落实地方党委政府主要负责人的责任。地方党委政府要加强落实"以水定产"工作的组织领导,大力推进地区统一规划,坚持政府统筹、科学规划、因地制宜、节水高效、建管并重的原则,统筹给水、节水、排水、污水处理与再生利用,统筹协调水安全、水生态和水环境,在保护水源的基础上,按照有利于水循环、循序利用的原则,合理布局。要加强监督考核,将落实"以水定产"相关工作责任情况与党委政府领导干部政绩挂钩,将考核结果作为干部主管部门对政府领导班子和相关领导干部综合考核评价的重要依据,倒逼党政机关领导干部进行重大决定时充分考虑地区水资源要素。还要建立相应的责任追究机制,对落实不力的主管部门、单位及负有主管责任和直接责任的领导干部进行通报、严格问责并督促整改。政府层面要出台相应的政策文件,明确各项工作责任主体、目标任务、工作标准和时限要求,强化各部门间的协调。要按照"谁主管谁负责,谁牵头谁协调"等原则,严格抓落实责任,完善抓落实机制,强化抓落实举措。

二是要着力构建各部门齐抓共管的工作格局。全面落实"以水定产"的要求,强化水

资源承载能力刚性约束,涉及多个行业,不同行业产业发展的政策制定、空间布局、结构调整等分别由各行业主管部门管理。其中,城市总体规划由发展改革部门牵头制定,工业产业、企业等用水节水主要由工业和信息化部门管理,农业产业结构、布局规划主要由农业农村部统筹。落实"以水定产"涉及整个地区的经济社会发展规划布局,只靠水利部门"单打独斗"难以落实。因此,必须抓紧构建相关部门齐抓共管的工作格局,形成工作合力。政府各有关部门在开展规划布局、城市建设等各项工作时,都要与推进落实"以水定产"相结合。

二、强化法制建设、健全制度体系是依法推进的保障

推进"以水定产"的落实,必须要有强有力的法制保障,特别是"十四五"时期,要强化法制建设,以建立水资源刚性约束制度为主线,在保障基本生态用水的前提下,推动以可用水量确定经济社会发展的布局、结构和规模,提高水资源节约集约利用水平,强化水资源保护,推进解决水资源过度开发利用问题,切实用法律手段规范经济活动,将其限定在水资源承载能力范围之内。如华北地区相关省(直辖市)通过不断完善法规制度体系,在进一步推进"以水定产"落实方面进行了一些有益探索,也取得了较好效果。北京市 2020 年出台了《北京市节约用水行动方案》,确定了十大节水行动 26 项具体措施和两个方面的改革举措;出台了《北京市新增产业的禁止和限制目录》《北京市工业污染行业、生产工艺调整退出及设备淘汰目录》《关于调结构转方式发展高效节水农业的意见》等规范性文件。河北省围绕落实水资源刚性约束制度,颁布了《河北省地下水管理条例》《河北省实行最严格水资源管理制度考核办法》等,建立了较为完善的水资源消耗总量和强度双控制度。内蒙古自治区出台了《内蒙古自治区节约用水条例》《内蒙古自治区农业节水灌溉条例》《内蒙古自治区城市节约用水管理实施办法(2002 修正)》《自治区地下水管理办法》《关于加强地下水生态保护和治理的指导意见》等。

一是优化布局必须发挥规划引导作用。坚持"以水定产",不仅是对新兴城市产业布局的要求,更是对严重缺水地区、水资源承载力超负荷地区的硬性约束。在优化、调整产业布局时,为进一步强化水资源刚性约束作用,必须发挥规划的引导作用,严格控制用水总量,倒逼产业结构调整和区域经济布局优化。特别是要按照自然资源部印发的《关于全面开展国土空间规划工作的通知》要求,各地不再新编和报批主体功能区规划、土地利用总体规划、城镇体系规划、城市(镇)总体规划、海洋功能区划等,在规划编制中要统筹各类空间性规划,推动实现"多规合一",注重开发强度管控和主要控制线落地,遵循产业布局与水资源承载能力相匹配、集聚开发与均衡发展相协调,并在规划中要明确将用水总量和强度控制等指标的分解下达。例如,北京市在优化空间布局方面,强化规划引导,按照确定的水资源总量控制要求,确定城市开发边界和城市规模,2020 年,城乡建设用地规模由现状的 2921km² 减少到 2860km²,2035 年,进一步减少到 2760km²;根据全市水资源和水系空间格局,明确区域功能定位,确定了"一核、一主、一副、两轴、多点、一区"的城市空间结构,充分体现了规划的重要作用。

二是强化政策制度保障作用。实行最严格水资源管理制度的重点就是要不断完善并全面贯彻水资源管理法律法规和政策措施,划定水资源管理的红线并严格执法监督。在落实"以水定产"中,要构建和完善多元参与、激励约束并重、系统完整的政策制度和法律法规体系。例如,通过完善规划和建设项目水资源论证制度,强化水资源"双控"管理,对取用水总量已达到或超过控制指标的地区暂停审批新增取水;通过完善考核和责任追究制度,明确将水资源优化配置、节约保护作为地方经济社会发展重要指标来进行考核,倒逼形成水资源开发利用的刚性约束,通过完善法规制度体系,保障各项措施的有效落实。

三、加强源头控制、严格水资源论证是科学推进的前提

贯彻落实水资源刚性约束要求和"以水定产",促进经济社会发展与水资源条件相适应,必须严格水资源论证。水资源论证制度建立以来,在推动相关规划科学决策和建设项目合理布局中发挥了重要作用,有力促进了水资源节约保护和合理开发利用。华北地区有关省(直辖市)开展了规划和建设项目水资源论证,取得了显著成效。例如,北京市在城市总体规划和分区规划编制中,要求疏解转移高耗水产业,新增产业水耗不低于全市平均水平。在街区规划和用地规划阶段,要求开展规划水影响评价,主要对区域用水总量作出约束要求。天津市编制完成《区级国土空间总体规划技术要点(试行)》,各区均已完成总体规划阶段方案,明确新改(扩)建设项目要严格执行建设项目水资源论证制度,落实用水统计调查制度。

针对南方地区,规划水资源论证除了需要论证水资源量外,还应论证"质"。为此,需要在城市总体规划、产业布局规划、水安全战略规划等重大规划中,从地区的水资源条件、水资源水生态水环境承载能力出发,协调区域经济发展与水资源利用的关系。在进行规划水资源论证时,应评估论证规划布局与水资源水生态水环境承载能力的适应性、用水效率的合理性以及对水功能区限制纳污能力和水生态环境的影响,统筹处理好流域上下游、左右岸和水资源开发利用的协调关系,确保经济社会发展模式与水资源条件相匹配、产业布局与水资源条件相适应,要系统论证规划实施中可能出现的水资源开发利用问题,将水资源更为系统地纳入宏观规划之中。

四、节约集约利用、切实提高用水效率是持久推进的动力

推进落实"以水定产",应全面强化水资源节约集约利用,把节水作为水量分配、水量

调度、用水计划管理的前提,全面推进农业节水增效、工业节水减排、城镇节水降损,深挖节水潜力,率先实现国家节水行动确定的各项目标,真正体现出节水的优先地位和首要地位,只有这样才能持久推进落实。例如,北京市全市年度水资源配置总量严格控制在41.7亿 m^3 以内,在全国率先启动、率先全部完成节水型区创建。河北省明确节水工作的总体目标:到2025年,全省用水总量控制在206亿 m^3 以内,万元地区生产总值用水量、万元工业增加值用水量较2020年分别下降15%和13%,农田灌溉水有效利用系数提高到0.675以上,城市公共供水管网漏损率控制在10%以内。

要从实际出发,宜水则水、宜山则山,宜粮则粮、宜农则农,宜工则工、宜商则商,坚持尊重自然、尊重规律,立足资源禀赋和产业基础,调整优化产业发展布局,不断转方式、调结构、扩规模。北京市通过出台《北京市新增产业的禁止和限制目录》从源头上严控非首都功能增量,严控了高耗水工业、服务业等相关项目的建设,明确提出全市层面禁止新建、扩建和新设立洗浴服务中的高档洗浴场所等,"十三五"时期万元工业增加值用水量由 $10.37m^3$ 降至 $7.11m^3$,工业用水量由3.85亿 m^3 降至2.75亿 m^3。河北省因地制宜优化种植结构,发展适水种植,在深层水超采区,开展耕地季节性休耕试点,在井灌区将小麦、玉米一年两季种植,改为只种植一季雨热同期的谷子、高粱等作物,实行一季休耕、一季种植;工业方面,破立并举、消长结合,在清退落后产能、提质增效传统产业的同时,不断改造提升传统产业,大力发展新兴产业、旅游业等,不断优化调整河北产业结构。内蒙古自治区针对不同区域水资源状况,统筹规划,因水布局,量水生产、适水种植,不断优化种植结构,扩大低耗水作物种植,在地下水超采区适度压减高耗水作物种植,严禁发展井灌水稻;不断优化品种结构,因地制宜推广抗旱品种,调减高耗水品种,改进耕作栽培制度,用调优结构和科学合理的种植制度推动结构节水。为充分发挥工业节水新技术在促进绿色发展、推进生态文明建设方面的基础保障作用,组织内蒙古工业节能与绿色发展协会编制了自治区《节水型企业建设评价标准 洗煤行业》《节水型企业建设评价标准 水泥行业》《节水型企业建设评价标准 炼焦行业》《节水型企业建设评价标准 铜矿采选行业》《节水型企业建设评价标准 炼焦行业》《节水型企业建设评价标准 火力发电行业》等地方标准草案。

在水资源比较丰富的南方地区,由于经济的快速发展和人口的急剧增加,污染物排放量持续增加,不同程度地存在水污染问题。"以水定产"中的水,不仅有"量"的概念,还有"质"的内涵,即在维护水资源可再生性和水生态环境健康友好的前提下,水资源系统所能够承受的最大开发利用规模。特别是针对南方地区,部分地区不缺水但缺好水,由于水质问题,影响了水环境容量。

为此,针对这类水生态水环境问题较严重的地区,要加强用水总量控制,同时,将水生态水环境承载能力作为经济发展和产业布局的刚性约束指标。对于丰水地区而言,节水对于减少水污染问题意义重大。据统计,一般情况下,每使用 1t 生活和工业用水,就要排出 0.7～0.8t 的污水。从这个意义上来说,节水就是减排。对于南方地区而言,在水资源和水环境的双重约束下,虽然水量相对丰富,也需要落实节水优先,提高节水技术,减少废水排放,发展节水产业。水资源利用效率在某种意义上代表着水污染减排潜力。应将万元工业增加值用水量、农田灌溉水有效利用系数、水资源重复利用率等作为重要衡量指标。

第二节 存在问题

一、对落实"以水定产"要求认识不到位

(一)思想观念上部分地区领导干部尚未引起高度重视

相当一段时期以来,部分地区没有认识到水资源的刚性约束作用,在经济社会发展过程中,忽视了水资源作为重要资源要素的约束作用,导致资源、生态、环境问题越来越突出。从国家层面政策文件落实和地方近年来各地的实际情况来看,部分地区对"以水定产"要求的认识不到位,未采取实际举措,未取得实际效果。部分地区领导干部从主观上没有高度重视,受传统思维影响,单纯注重地区经济发展,一味考虑上项目,获取局部利益、短期利益,申请用水指标,忽视经济社会发展与地区水资源环境要素相协调,忽视产业发展布局、结构优化调整与水资源承载能力相匹配,发展方式粗放的现象仍然存在。

(二)相关部门对"以水定产"的认识不深入

部分地区相关部门没有认识到资源环境要素在整个地区经济社会发展布局中的重要性,在制定规划和政策时,未考虑地区水资源禀赋条件,造成产业发展布局与水资源承载能力不协调,引发水资源短缺、地下水超采、水土流失严重、水环境污染、水生态恶化等一系列问题,且处于超载和紧平衡状态的区域越来越多、范围越来越大。例如,规划审批部门和水行政主管部门对规划水资源论证工作的认识上还不深入,很多规划制定前期和审批过程中水利部门难以参与,导致水利部门在后续开展取水许可、用水审批过程中处于被动局面。

二、管理机制不完善,部门间未形成工作合力

(一)落实"以水定产"在顶层设计方面缺少抓总机构

全面落实"以水定产"的要求,关系到国家和地区国民经济发展的整体布局,涉及多个行业部门、领域,必须高位推动,统筹协调。目前,国家层面在落实"以水定产"要求方

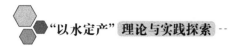

面还没有明确的抓总机构或部门,对有关重大问题,如产业整体布局、结构调整中如何建立水资源刚性约束机制,协调好经济社会发展与水资源节约、开发、利用与保护的关系等,组织研究的层级不高、时效不够、力度不大。地方层面也未建立相应的组织领导管理体制,造成各部门间各自为政,缺少统筹协调,也造成职责分工不明确,责任落实不力。

(二)未形成部门协调配合的工作合力

"以水定产"要求的落实需要发改、城建、工业和信息化等各部门协调配合,齐抓共管。然而,多年来,由于缺乏综合性的法律法规,没有统一的规划及布局,不同地方在生态治理上各自为政、标准不一,各个地方只对本行政区域内的生态环境保护和治理负责,导致地区生态治理出现"九龙治水""治而不愈"的问题。就同一地方而言,随着工业化、城镇化的快速发展,对资源的需求、环境的影响越来越大,加之土地、水利、环保等多个部门工作欠缺衔接性和协调性,致使地方产业发展、城市建设的无限需求与资源环境的有限供给之间存在难以调和的矛盾,不断重蹈"一边投巨资、下大力搞治理,一边无序开发、造成破坏"的覆辙。目前从全国情况看,在落实"以水定产"方面主要是各部门围绕各自主管的工作分别开展,且大多数地区主要是以水利部门推动为主,相关行业主管部门还没有建立沟通协调机制,部门间尚未形成工作合力,造成很多政策措施难以落实。

三、规划引领作用未充分发挥,项目前期规划忽视水资源论证

(一)相关规划间衔接不够

部分地区未考虑国民经济和社会发展规划、城乡规划、土地利用规划、环境保护、林地与耕地保护、水资源等各类规划的有机衔接,没有实现对上与对下对接、总体与专项对接、历史与未来对接,未考虑地区水资源禀赋条件,盲目扩大产业规模,产业不合理布局,单纯讲求局部利益,造成无计划、超计划用水现象时有发生。在考虑生态保护、农业生产、城市建设等产业发展需求,既留足用地,又科学细分用地性质,统筹山水林田湖草以及城与村生态治理,给自然留下修复空间,给农业留下更多良田,给后代留下更多蓝天,给建设留下科学空间等方面还存在很大差距。

(二)规划和建设项目缺少科学水资源论证

规划水资源论证是落实"以水定产"的重要抓手。中央及地方层面在规划制定、产业布局、建设项目立项、取水许可等工作中忽视水资源"双控"管理,多数地区在规划阶段尚未开展建设项目水资源论证,取用水总量已达到或超过控制指标的地区未暂停审批新增取水,没有从严核定取水许可量。例如,干旱缺水地区城市水景观工程大量上马,高耗水服务业随意取水、浪费用水时有发生。低效率的高耗水生产造成高排放、高污染,严重污染水体。部分地区水资源过度开发,造成河川断流、湖泊湿地萎缩以及地下水超采等严重的生态问题。

四、配套政策制度及标准体系不完善,缺乏约束力

(一)未将落实"以水定产"要求写进相关政策法规中

一方面,多数地区尚未将落实"以水定产"的相关要求写入地方性法规或规范性文件中,无法发挥政策法规的约束作用,一定程度上造成地方政府部门领导干部不重视,部分地区在落实"以水定产"中存在"不想干"的现象;另一方面,对于如何落实"以水定产",各部门具体承担哪些职责,产业优化布局、结构调整中强化水资源刚性约束机制需要履行哪些程序和采取哪些具体措施,尚没有明确规定,没有形成政策引导,造成很多地区"不知道怎么干"的问题。

(二)配套政策制度和技术标准体系还未建立

很多地区在建设项目立项及可行性研究和初步设计阶段,缺乏对水资源论证的相关政策制度。例如,节水评价制度体系还不完善,在规划制定、建设项目立项、取水许可中节水有关内容和要求没有得到强化,科学合理的节水评价标准尚未建立。由于没有形成相应的程序、制度规范,取水许可管理、计划用水管理、节水设施"三同时"等更多是一般性行业指导,造成部分节水评价不通过的规划和建设项目仍然上马的现象存在,没有从源头把好节水关,进一步加剧了水资源供需矛盾。

此外,用水计量管理技术标准建设滞后。各地普遍反映,用水计量和在线监控设施在选型、安装、监管、校准、维修等方面缺少刚性技术要求和明晰的技术责任划分,部分用水计量器具适应性、适用性不强。市场上用水计量仪表价格参差不齐,同样规格的价格能有数倍之差,其测量准确度和长期运行的可靠性和稳定性也千差万别。用水计量器具安装、使用和管理整体粗放,部分仪表安装后存在较大漂移量,甚至停水时每天依然上报几千立方米的水量。

(三)用水定额标准体系不完善

现行的行业用水定额主要依靠各行业协会或代表性企业来制定,水利行业缺少专业人员参与,或者由于人力、专业等因素对定额的制定和修订缺少制约能力和办法。行业或企业出于自身发展利益考虑,制定的用水定额标准相对宽松,导致依据用水定额确定的取水许可指标也相对宽松,对用水单位缺乏较强的约束力。用水定额涉及的行业和产品繁多,工作量大,程序复杂,专业技术要求高。虽然规定每5年修订一次用水定额,但由于参与定额标准制定修订的人员不足,加上新产品门类和项目不断增加,现行定额修订办法和组织方式已不适应当前发展,造成部分地区、部分行业用水定额修订不及时,与地区经济社会发展实际和行业产品用水水平发展实际不符。各地同一类企业、产品的用水定额有的相差很大。

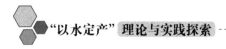

(四)责任追究制度体系不完善

有些地方未将水资源优化配置、节约保护作为地方经济社会发展重要指标来进行考核;谁来考核、如何考核、考核哪些内容、如何进行责任追究等仍不明确;部分地方考核结果未与政绩考核、领导干部业绩考核挂钩,没有通过考核机制倒逼形成水资源开发利用的刚性约束。例如,对节水工作的考核虽然纳入实行最严格水资源管理制度一并实施,但考核力度不够,考核结果缺乏追责问责措施,导致相关部门及负责同志产生"干多干少、干好干坏一个样"的心理。

五、两手发力不充分,引导激励手段不足

(一)市场机制作用发挥不充分

如水价的杠杆作用发挥不够,水价总体水平偏低、不足以覆盖全成本,累进或阶梯的价差偏保守,而短期内大幅度提高水价困难,难以通过价格杠杆实现强化节水的目的。目前,农业水价平均只有运行成本的60%,而且水费实收率呈逐年下降趋势,灌区运行困难。一些大型化工、电力、石油等行业用水大户,如江苏某煤化工企业,采用节水工艺或设备节约水费开支120万元/a,但水费开支在其几十亿的生产成本中占比很小,节水积极性并不高。

(二)激励奖补机制不完善

在优化产业布局、结构中,需要开展大量的节水项目,研发推广节水、减排等相应技术措施,而目前该类项目的奖补资金较少、标准低、覆盖面小、措施不具体,节水激励引导和驱动作用难以发挥。鼓励用水户主动建设节水措施项目后,各级政府以奖代补项目少、力度不够。部分项目主要依靠财政资金,项目资金使用效率和效益有待提高。由于投入产出比和现有各种约束机制力度不够等因素,部分企业用水户开展节水技术改造的积极性还不高。

六、科技支撑作用待强化,计量监测手段不足

(一)"产学研用"相结合的技术创新体系亟待健全

缺乏对先进技术设备从研发到应用全过程的组织领导和规划计划、人才培养,对节水产业的扶持政策还不完善,对应用节水技术、设备的优惠鼓励政策和执行力度还不到位,节水技术创新示范和试点建设滞后。科研单位在节水技术工艺创新发展中的作用还不明显,水利系统现有科研机构设置与人员配置已不能很好适应节水技术创新发展的要求。特别是在工业领域,水利系统能够有效引领和组织节水技术工艺研发和评价的科研机构、部门力量较为薄弱,系统内缺少熟悉工业节水先进技术工艺研发、推广应

用的人才。缺乏节水技术、设备与产品推广交流平台,特别是中小企业和单位,缺少对先进节水技术、工艺和设备、产品的信息获取渠道和资源共享的服务平台,造成产、学、研、用多方信息不对称。

(二)现有用水计量体系、监管能力已不能完全满足形势的需要

由于用水计量管理法规标准建设滞后、计量监管缺乏明确的法律责任划分及配套管理办法等因素,不仅取用水户明显缺乏定期监测的积极性,基层管理部门也缺乏资金和有效的监管手段,特别是对行政区域地表水、地下水取用耗排的监测和计量基础设施和能力十分薄弱,并且考核指标体系很不健全,现有用水计量体系、监管能力远不能完全满足形势的需要。据全国节水办统计,农业灌溉用水计量率仅为 5% 左右,城镇和工业用水计量率约 70%。用水计量设施特别是农业用水计量设施安装率比较低,设备安装、运维和管理难度大。灌区大部分只能计量到渠首,灌区内大田作物仍以漫灌、沟灌方式为主,按方计量、按亩收费的"大锅水"现象还仍然普遍存在,难以对水资源开发利用实施有效的监管。

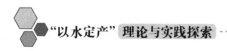

第七章 推进落实"以水定产"的总体思路

第一节 指导思想

贯彻落实"节水优先、空间均衡、系统治理、两手发力"的治水思路,牢固树立量水而行、以水定需的水资源管理理念,统筹考虑经济社会发展与水资源承载能力,在地区国土空间规划、主体功能区划、水功能区划等基础上,进一步落实"以水定产",服从国家经济社会发展大局,将区域有限的水资源优先配置到当地具有比较优势的资源和产业。明晰"以水定产"工作相关职责,积极推进形成各部门工作合力,不断健全相关机制制度,强化科技支撑和能力建设,通过建立水资源环境刚性约束,遏制不合理用水需求,倒逼产业规模、产业结构和产业布局优化调整,调整、纠正错误的水资源开发利用行为,促进经济社会发展与水资源承载能力相协调,不断满足人民群众对美好生活的向往、对美好生态环境的需求,以水资源可持续利用支撑经济社会可持续发展。

第二节 基本原则

一、节水优先

坚持并严格落实节水优先的根本方针,落实最严格水资源管理制度,把节约用水作为水资源开发、利用、保护、配置、调度的前提,积极发展节水型农业、节水型工业等,推进节水型社会建设。以各地水资源承载能力为依据,进行产业结构调整,客观分析水资源和水环境承载能力,正确处理区域经济社会发展和水资源条件的关系,坚持以水定需、因水制宜、量水而行。

二、规划引领

根据地区水资源现状和特点,科学谋划经济社会发展规模、结构和布局,推进落实多规合一,国民经济和社会发展规划以及城市总体规划的编制、重大建设项目的布局,应当与当地水资源条件和防洪要求等相适应。加强相关规划和项目建设布局水资源论证工作,以水资源、水生态、水环境承载能力为刚性约束,优化产业布局,实现协调发展。

三、多措并举

多措并举,全面加强水资源管控,加强计划用水和定额管理,以水资源承载能力为基础,严格用水总量控制,调整优化供水用水结构,推进产业结构调整升级,构建适水的产业发展格局。既要保障经济社会发展的合理需求,又要保障水生态健康需要。

四、落实责任

地方党委政府要加强落实"以水定产"工作的组织领导,明确各项工作责任主体、目标任务、工作标准和时限要求,强化各部门间的协调,抓紧构建相关部门齐抓共管的工作格局。严格抓落实责任,完善抓落实机制,强化抓落实举措。

第三节　实现路径

推进"以水定产"深入落实,要牢牢树立以水而定、量水而行的理念,强化供需双向发力,在需求侧把水资源、水环境承载能力作为刚性约束贯彻到经济社会发展中,在供给侧科学合理配置、调度、管理水资源。在明晰概念内涵的基础上,以当前落实"以水定产"过程中存在的问题为导向,结合典型地区经验启示,构建落实"以水定产"的路径框架(图 7-1)。

一是摸清家底,划定红线。以现状水资源条件与经济社会发展布局、土地利用、人口规模及产业布局结构为基础,开展水资源承载能力评价,明确可用水量,划定承载能力刚性约束红线。

二是节水挖潜,优化配置。全面落实节水优先,严格取用水监管,挖掘潜力;全面落实大江大河和重要跨省(自治区)支流水量分配方案,积极推动跨省(自治区)支流水量调度,统筹协调、合理配置不同用途用水。

三是多措并举,强化约束。谋划顶层设计,强化流域水资源和水生态保护规划、跨省支流水量配置调度规划、节约用水规划等水资源管控的相关规划约束;加快推进《中华人民共和国水法》修订和《中华人民共和国黄河保护法》《节约用水条例》等立法工作,完善规划水资源论证等相关制度体系,强化法制与制度约束。

四是适水分析,分类调整。分析产业布局、产业结构、产业规模是否与水资源承载能力相匹配,搞清楚产业发展对水的需求是什么,搞清楚哪些是合理的用水需求,哪些是

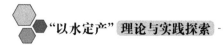

不合理的需求,不匹配是否是由城市发展布局、土地利用、人口规模不合理造成的。划出水资源超载区、临界超载区、不超载区;明确方向,推进结构调整,布局优化。

五是明确对产业发展的指导方向,实现产业规模、结构调整、布局优化。按照实现产业绿色发展、持续发展、循环发展的要求,在开展水资源承载能力对产业规模、布局、结构的约束性分析的基础上,调整产业规模、升级产业结构、优化产业布局。

六是监督考核,压实责任。强化监督考核,构建各级政府、有关部门层层抓落实的责任传导机制和工作格局。最终实现经济社会发展、生态环境保护以及资源刚性约束相协调,以水资源的可持续利用支撑经济社会高质量发展。

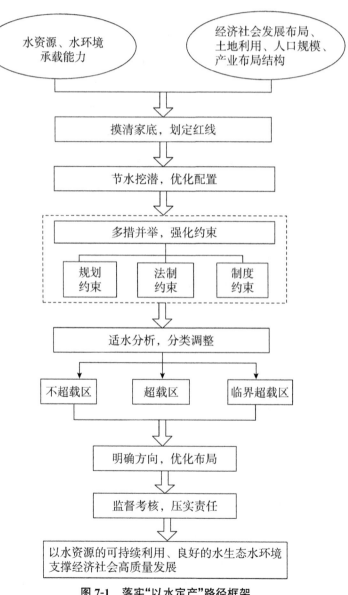

图 7-1　落实"以水定产"路径框架

第八章 推进落实"以水定产"的对策措施

第一节 加强顶层设计,完善体制机制

一、压实地方政府和相关部门的主体责任

以水而定、量水而行本质上是发展与保护的平衡问题,只有落实好水资源刚性约束,党政同责、一岗双责,制度才能得到较好落实。要发挥好政府宏观调控和监管作用,做好顶层设计,强化规划约束、法制约束、制度约束,实现从水源地到水龙头的全过程监管。一方面,应通过高层次政策文件出台进一步压实地方各级党委和政府的领导责任,坚定不移贯彻新发展理念,树牢"绿水青山就是金山银山"的理念,坚持生态优先、绿色发展,以水而定、量水而行,全面建立水资源刚性约束制度。另一方面,要进一步明晰各部门职责分工,切实把落实"以水定产"明确为实际的工作任务来完成。明确发展改革、农业、工业和信息化、城市建设等行业主管部门的监管责任,这些部门既要负责主管业务工作,又要负责在行业业务工作中落实好水资源刚性约束要求。只有明晰各方责任,才能走好水安全有效保障、水资源高效利用、水生态明显改善的节约集约发展之路。

二、充分发挥已有工作平台作用

充分利用好河湖长制、共抓大保护的区域协同治理机制等已有平台,加强各部门间沟通协调,纵向上实现不同层级政府间的"上下同治",横向上推动水务、生态环境、城管、工信、农业农村等相关部门间的"部门联治"。统筹研究解决落实重大问题和难点工作,组织、协调、督促抓好"以水定产"落实工作。发展改革委、财政、农业、生态环境、工信等政府各有关部门,需要从规划上综合协调,在财政政策上给予支持,在产业发展上协同配合。国家发展改革委应统筹协调好与落实"以水定产"相关的政策制度、规划计划的制定,深化供水安全、产业布局等问题的研究并提出宏观调控政策建议,在推进经济结构战略性调整的同时,协调好水资源承载能力和经济社会协调发展的重大问题。财政部

应积极落实水利建设及相关水利改革发展的扶持资金,增大对供给侧结构性改革的财政投入,促进产业优化布局和结构调整。生态环境部应建立健全污染物排放控制和排污许可证制度并加大实施力度,健全水体污染防治管理制度,会同有关部门监督管理水源地环境保护工作,组织实施水环境质量监测和污染源监测。工信部和农业农村部应从行业角度出发,组织制定优化产业布局、规模与结构的有关政策,限制高耗水产业发展,积极发展节水产业,会同水利部门支持节水产业重点项目等(图8-1)。

三、完善跨部门协调机制

一是建立协同保护水环境的共建共享机制。借鉴《京都议定书》和清洁发展机制(CDM),例如,在上下游省份间,协同分享环境保护的责任与成果,建立协同保护水环境的共建共享机制。制定行动计划,将协同保护水生态共建共享机制作为加快生态文明建设和生态文明制度改革的重要内容加以推进。构建上下游省份的协同机制,从设立流域生态环境协同保护机构、搭建流域生态环境监管一体化平台、健全流域生态环境协同保护标准等方面入手,建立流域联防共治机制,构建起横向生态补偿、科技交流、人才交流、文化教育协作、旅游商贸、市场补给、协同治理投入等长效运行机制。建立省际协调机制,包括完善对口支援政策,探索流域协同治理,完善对口支援机制,协同加强水生态环境保护与治理,培育绿色发展新动能。

二是实施跨区域产业合作推进机制。例如,在优化长江经济带产业布局中,完善全域系统的产业链供应链,推动跨区域产业联动循环发展。积极探索长江上中下游产业"飞地园区"创新合作,完善税收分成政策、投资支持政策、税费优惠政策等体制机制,推进长江经济带内产业有序转移、产业链对接。积极推进沿江绿色工厂、绿色生态工业园区改造建设,聚焦高端、高质、高新,培育"新经济""数字经济"等,着力构建绿色发展产业体系,促进发展动能转换的绿色化、清洁化,在流域内打造生态效益与经济效益共同体。

第二节　增强规划约束,健全法规制度

一、强化规划管控约束

一是完善国土空间规划中的水资源评价体系。开展资源环境承载能力评价和国土空间开发适宜性评价是科学编制国土空间规划的前提和基础。在已有"双评价"的基础上,增加对水资源数量、质量、生态状况、开发利用及动态变化的评价,并进一步构建全面系统的水资源评价体系,科学评估区域水安全保障、水生态保护、水环境治理、水经济效率和水文化底蕴等,深入分析水资源在生态文明建设中的关键性支撑、制约作用。完善

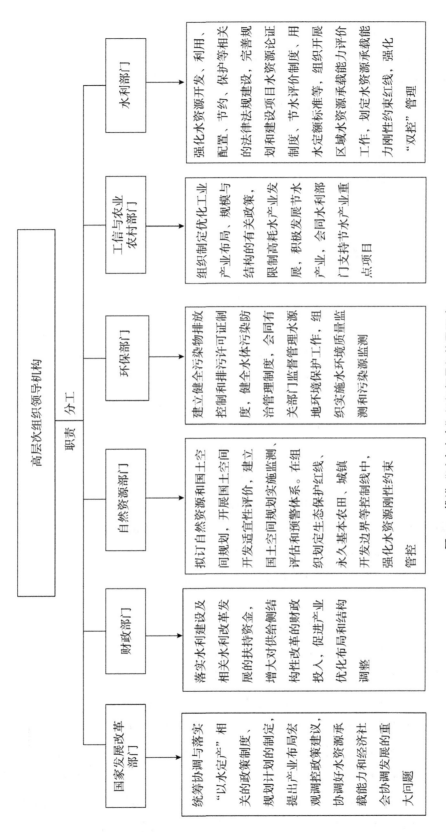

图8-1 推进"以水定产"组织领导机构及职责

已有"双评价"的统一技术标准,依据不同地区的资源禀赋和区位条件,差异化地增加水资源要素评价指标和权重,充分显现水资源对资源环境承载力的影响。针对南方地区水质性缺水问题,特别要研究制定一系列用于考核评价水生态、水环境的约束性指标。开展区域水资源开发利用潜力研究,明确不同区域水资源开发利用上限,为科学制定水资源供需平衡方案奠定资源调查评价基础。进一步在省级国土空间开发保护法规制定和国土空间规划编制中强化水资源刚性约束,明确把用水总量控制、用水效率控制作为国土空间开发过程中的关键性指标和约束性条件,制度化地部署开展水资源承载能力评价和规划水资源论证。

二是建立基于国土空间布局优化的水资源分区管控体系。水平衡分析是国土空间规划中水资源分区管控的核心。应尽快制定国土空间规划中水平衡分析技术规范,在水资源调查评价、水资源监控能力建设、取用水在线监测等工作基础上,遵循"以水定需"原则,按照"水资源可利用量—水资源可供水量—弥补历史欠账—分行业用水量—经济社会发展规模—'三生'(生产、生活、生态)空间布局—水资源可利用量"的思路,逐步开展水平衡分析。同时,结合供水工程规模和运行状况,明确不同水源可供水量,分行业确定用水量,并以此确定经济社会发展规模,保障"三生"空间水资源需求,落实水资源分区管控,实现区域水资源供需平衡。例如:在江苏省国土空间规划编制和实施中,苏北地区因水资源较为短缺,应充分发挥水资源开发利用指标约束作用,避免城镇空间、高耗水农业空间发展规模过大,重视雨水、再生水等利用,加快建设节水型城镇、节水型乡村;苏南地区因水资源较为丰沛,应重点考虑水资源对国土空间布局的高标准保障,通过供给侧结构性改革,从水资源和土地资源用途管制入手,促进水资源与土地资源的双向优化配置与高效利用;苏中及沿海地区因水资源分布不均,应侧重于加强生态空间保护与系统治理,强化江河湖海水系连通、滩涂湿地保护、生态廊道建设。

三是健全水资源调查监测与确权登记体系。自然资源部先前印发的《自然资源调查监测体系构建总体方案》《自然资源统一确权登记暂行办法》《自然资源统一确权登记工作方案》等政策文件,对自然资源统一调查监测和确权登记具有重要指导意义,但其具体实施仍需进一步加强研究和探索。首先,加快研究水资源调查监测方法,建立水资源分类标准,实施分层分类管理,解决以往因不同部门管理采用不同名称定义而造成水资源专业管理范畴交叉、同一区位水资源重叠等问题。其次,适时开展区域水资源详查与监测,科学评价区域水资源量质状况,为明确区域水资源开发利用上限、落实国土空间规划中水资源分区管控要求、实现水资源供需平衡提供基础支撑。最后,科学确定水流自然资源统一确权登记单元界线,开展水资源权属调查,积极做好重要流域水流确权登记工作,并加快建立与用水总量控制红线、流域水量分配指标相衔接的水流使用权确权体系,并以水资源用途管制制度为基础,完善水资源有偿使用制度,充分发挥税收在水资源管理中的杠杆调节作用。

二、完善相关政策制度

(一)加快制定修订相关法律法规

加快推进《中华人民共和国水法》修订,在宗旨和原则中,明确写入"以水而定"的战略要求。将建立水资源最大刚性约束,纳入水资源开发利用、水资源保护、用水管理、水管理体制等主要内容相应条款的修订中,为进一步强化用水总量控制、取水许可及规划水资源论证工作提供上位法依据。加快推进《节约用水条例》出台,为开展节水和产业调整等相关工作提供法律依据。

(二)健全并落实好水资源刚性约束制度

一是健全水资源论证制度。水资源论证是实现以水而定、量水而行的重要手段,是根据水资源条件倒逼经济社会发展和产业布局、规模和方向的重要制度安排,也是建设项目取水许可审批的支撑条件。2021年3月1日正式施行的《中华人民共和国长江保护法》明确规定要完善规划和建设项目水资源论证制度。2022年10月审议通过的《中华人民共和国黄河保护法》第二十四条明确规定:"国民经济和社会发展规划、国土空间总体规划的编制以及重大产业政策的制定,应当与黄河流域水资源条件和防洪要求相适应,并进行科学论证。黄河流域工业、农业、畜牧业、林草业、能源、交通运输、旅游、自然资源开发等专项规划和开发区、新区规划等,涉及水资源开发利用的,应当进行规划水资源论证。未经论证或者经论证不符合水资源强制性约束控制指标的,规划审批机关不得批准该规划。"同时,要进一步落实好《水利部关于进一步加强水资源论证工作的意见》,加强规划水资源论证,严格建设项目水资源论证,推进水资源论证区域评估,进一步发挥水资源在区域发展、相关规划和项目建设布局中的刚性约束作用,满足合理用水需求,坚决抑制不合理用水需求,促进经济社会发展与水资源承载能力相协调,推进生态保护和高质量发展。此外,建立相关行业涉水审批信息共享制度,加强水资源论证中信息的互联互通、交流共享。

二是完善水资源有偿使用制度。建立激励节约用水的供水价格机制,促进水资源保护和合理利用。制定优惠的再生水价格,促进再生水利用。完善以节水和水资源合理配置、提高用水效率、促进水资源可持续利用为导向的水价形成机制。

三是完善水资源用途管制制度。根据地区经济社会发展的可用水量,合理配置生活用水、农业用水、工业用水和生态环境用水等。坚持优水优用,优质可靠的供水水源优先用于保障城乡居民生活用水。禁止挤占基本生态用水和农田灌溉合理用水。合理配置其他生产经营用水。要严格水资源用途监管,严格水资源论证和取水许可管理,强化

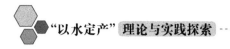

水功能区分类管理,严格水资源用途变更监管,加强水资源监控计量。

四是建立污水资源化利用制度。进一步落实《关于推进污水资源化利用的指导意见》及分工方案,由住房和城乡建设部、国家发展改革委、生态环境部、水利部牵头,工信部参加加快推动城镇生活污水资源化利用;由工信部、生态环境部牵头,国家发展改革委、水利部参加积极推动工业废水资源化利用;由农业农村部、生态环境部牵头,国家发展改革委、住建部、水利部参加稳妥推进农业农村污水资源化利用。要根据当地自然条件、资源禀赋和水环境保护要求,科学开展污水资源化利用工作。重点流域、缺水地区和水环境敏感地区,应科学实施污水处理提标升级,根据实际需要建设污水资源化利用设施。聚焦化工、纺织印染等重点行业企业,运用工业企业水资源集约利用,引导企业节水高效发展。实施节水发展战略,以节水工厂、绿色园区、绿色产品等的制造体系建设为抓手,分领域打造一批具有行业推广示范性的绿色节水工厂;推动工业废水资源化利用。推进企业内部工业用水循环利用、园区内企业间用水系统集成优化。开展纺织印染等高耗水行业工业废水循环利用示范。遴选电子信息、纺织印染、化工材料等国家高新区率先示范,建成若干国家高新区工业废水近零排放科技创新试点工程。

第三节 实施水资源开发利用分区管控

考虑国土空间开发保护格局、水资源条件、高质量发展需求等方面的因素,建议将华北地区划分超载区、临界区、适度区。针对不同区域,采取差异化管控措施。

一、超载区:约束倒逼、严格管理

严格实施深度节水控水,推进用水效率达到同类地区同期国际领先水平。远期考虑建设必要的水资源调配工程,优化水资源配置,提高区域水资源承载能力,保障重大战略地区生态保护和经济社会高质量发展。同时修复受损的生态环境,逐步实现"还水于河,还水于湖"。

一是暂停审批新增取水许可。严格重点地区新增取水许可审批,超载区进一步明确超载县域和水源,对存在超载问题的县级行政区,暂停审批建设项目新增取用地下水,相关地区取水许可审批权限上收一级。制定产业准入负面清单,严禁列入负面清单内的项目和不符合节水评价标准的项目取用水,切实抑制不合理的用水需求。

二是削减超用水量。制订水资源超载地区削减计划,明确削减时限、清单和措施。严格各超载区域取用水总量控制管理,在取水许可申请、延续等环节,从严核定许可水量,原则上只减不增。严格计划用水管理,把计划用水纳入最严格水资源管理制度考核,对超计划用水的,实行累进加价制度。制定更加严格的用水定额和节水标准,以钢铁、火电、造纸、纺织等为重点,以高校、宾馆、机关等为突破口,开展用水定额核查行动,对超定额用水的,限期完成整改。

三是优化水资源配置,提高区域水资源承载能力。对刚性需水无法保障的区域实施科学调水。进一步增加未来经济社会发展空间,应对持续干旱等极端气候和突发水污染事件等导致局部地区产生的水生态安全风险,提高超载区供水保障程度和抗风险能力。

二、临界区:监测预警、优化配置

临界区应以加强节水、管住用水为重点,同时在确有需要的前提下,科学谋划一批重大引调水和水源调蓄工程,新增供水主要是满足国家重大战略地区生态保护和经济社会发展的刚性用水需求。

一是建立水资源承载能力监测预警机制。区域内水资源管理采用较为严格的水资源管理政策,建设水资源承载能力监测预警数据库和信息技术平台,每年对临界区开展一次评价,动态监测预警资源环境承载能力变化情况。暂停审批高耗水项目,严格管控用水总量,优化调整产业结构。鼓励新建、改造和扩建项目用水通过水权交易获得。

二是严格取用水监督管理,防止水资源超载。加强对临界区水资源刚性约束指标完成情况督查,将督查结果纳入最严格水资源管理制度考核。对地方政府及其有关部门,重点督查考核总量控制、生态流量保障、地下水水位及定额和负面清单管理等情况,视目标任务完成情况进行奖惩。对用水户等社会主体,重点监督取水许可执行、用水定额落实、用水计量、水费缴纳等情况,明确问题的整改要求,督促按时整改到位。

三是提升重点地区供水安全保障能力。统筹本地水与外调水、地表水与地下水、常规水源与非常规水源,加大污水处理再生回用、海水淡化等其他水源利用,扎实推进水网建设,优化完善水资源配置体系,加强各类水源联调联供,提高水资源短缺地区特别是国家重要城市群、重要能源基地及粮食主产区等所在地区水资源承载能力和水资源调控能力。

三、适度区:合理利用、统筹安排

一是加强规划水资源论证,控制开发利用强度。把水资源刚性约束的目标列为约束性指标,并严格开展规划水资源论证工作,切实从源头上实施水资源管控,促进经济社会发展布局和产业结构以及生态建设与水资源承载能力相适应。

二是在水资源合理开发利用的基础上,做好区域内水资源的统筹安排。进一步优化用水结构、产业布局,保持经济社会发展与水资源开发利用的良性关系,防止出现水资源超载等情况,充分保障生产生活刚性合理用水需求。

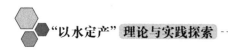

第四节　明确产业发展指导方向，
推进产业布局优化结构升级

一、分区调整农业生产和用水结构

按照"先节水、后用水，先挖潜、后扩大，先改建、后新建"的原则，进一步优化供用水结构。根据水资源条件，推进适水种植、量水生产。加快发展旱作农业，实现以旱补水。在干旱缺水地区，适度压减高耗水作物，扩大低耗水和耐旱作物种植比例，选育推广耐旱农作物新品种。在地下水严重超采地区，实施轮作休耕，适度退减灌溉面积，积极发展集雨节灌，增强蓄水保墒能力，严格限制开采深层地下水用于农业灌溉。

西北地区，要严格控制耕地总面积，部分地区还要退减不合理灌溉面积，实施退耕还草、退耕还林，同时大力推广节水灌溉设施，提高单位水资源产出，使耕地面积与水资源条件相适应。东北和华北地区，水土资源较为匹配，结合地下水超采区治理和高标准农田建设，大力推广节水耐旱作物和节水灌溉技术，提高单位水资源产出。在南方地区，要严格耕地红线管理，遏制耕地面积减少趋势，通过土地流转等方式提高耕地集约化程度；通过推广特色农产品种植等方式提高农业与其他产业的比较效益，增加农民收入，提高农民种植积极性。

二、优化高耗水产业空间布局

从区域发展的总体战略布局出发，根据资源环境承载能力和发展潜力，实行优化开发、重点开发、限制开发和禁止开发等有区别的区域产业布局。严格落实主体功能区规划，在生态脆弱、严重缺水和地下水超采地区，严格控制高耗水新建、改建、扩建项目，推进高耗水企业向水资源条件允许的工业园区集中。推动火电、钢铁、造纸等高耗水行业沿江、沿海布局，促使已有高耗水项目转移搬迁。

严格控制黄淮海平原、西北地区等资源性缺水地区发展造纸工业及灌溉型造纸原料林，引导和鼓励造纸产能向水资源丰富的南方地区转移。东北地区要加快产业结构调整和国有企业改革改组改造，发展现代农业，着力振兴装备制造业，促进资源枯竭型城市转型。中部地区要抓好粮食主产区建设，发展有比较优势的能源和制造业，加强基础设施建设，加快建立现代市场体系。西北、华北等地区新建电厂应优先利用非常规水源，鼓励采用空气冷却技术。推动高耗水企业向工业园区集中，推广串联式循环用水布局。促进可利用再生水的企业与城市污水处理厂、再生水厂就近布局。

三、推进高耗水工业结构调整

据统计,火力发电、钢铁、石油、石化、化工、造纸、纺织、有色金属、食品与发酵等9个行业取水量约占全国工业总取水量的60%。因此,调整优化高耗水行业结构和布局显得尤为重要。按照推进供给侧结构性改革、化解过剩产能的总体部署,依法依规淘汰高耗水行业中用水超出定额标准的产能,促进产业转型升级。严格实行用水定额管理,合理分配工业企业及项目的用水定额,并根据水资源变化和节水效果定期调整,倒逼企业提高节水能力。引导钢铁、石油和化工、电力、煤炭、造纸、纺织、食品等高耗水行业的既有产能向高效节水方向调整。到2022年,建成一批节水型企业。

四、加强城镇节水控水

(一)开展城市节水达标建设

一是开展城市节水达标核查。对使用超过50年和材质落后、漏损严重的供水管网进行全面更新改造,组织开展城镇领域节水降损核查行动,对于管网漏损率低于10%的城市和再生水利用率低于20%的缺水城市,严格取水许可审批,下一年度核减其相应的计划用水量。

二是大力提升节水型器具普及率。严禁新改(扩)建公共建筑使用不符合节水标准的用水器具,实施重点领域落后用水器具改造,推动机关事业单位2级以上水效等级用水器具达到75%,新建公共机构全部达到节水型单位要求,节水型用水器具普及率100%。

三是推动对全国已公布的节水型社会达标县(区)开展复核及"回头看",巩固建设成果,加快推进县域节水达标建设。

(二)严控高耗水服务业用水

从严制定洗浴、洗车、高尔夫球场、人工滑雪场、洗涤、宾馆等行业用水定额,落实工业生产、城市绿化、道路清扫、车辆冲洗、建筑施工及生态景观等,优先使用再生水。要严格限制高耗水服务业用水,强制要求使用节水产品,加快节水技术改造,对非人体接触用水强制实行循环利用。到2022年,缺水城市非常规水利用占比平均提高2个百分点的工作目标,加强再生水利用,同时严禁盲目扩大用水景观、娱乐的水域面积。例如,《北京市节约用水办法》明确规定,对高耗水项目和单位实施重点监控,严格限制人造滑雪场、高尔夫球场、高档洗浴场所等高耗水项目发展,高耗水行业浪费水的行为将受到处罚,洗车行必须使用循环水或是再生水,否则最高罚1万元;人造滑雪场、高尔夫球场、高档洗浴场所等高耗水单位,需安装用水数据远传设备,否则将被处1万元以上10万元以下罚款。

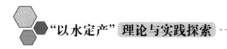

第五节　全面落实节水优先，提高区域水资源承载能力

一、全面落实"节水优先"

1.优化调整农业种植结构

促进优化调整灌区种植结构和生产布局，倒逼用水效率提升和适水种植。根据水资源条件，推进适水种植、量水生产。要适度压减高耗水作物，扩大低耗水和耐旱作物种植比例。

2.大力推广农业节水技术，加大大中型灌区节水改造力度

结合高标准农田建设，加大田间节水设施建设力度。开展农业用水精细化管理，科学合理确定灌溉定额，推进灌溉试验及成果转化。推广喷灌、滴灌、低压管道输水灌溉、集雨补灌、水肥一体化、覆盖保墒等技术。

3.推动高耗水行业节水增效

按照《水利部落实〈国家节水行动方案〉任务分工方案》，到 2022 年，在火力发电、钢铁、纺织、造纸、石化和化工、食品和发酵等高耗水行业建成一批节水型企业。要严格限制布局高耗水、高污染产业。严格落实主体功能区规划，严格控制高耗水新建、改建、扩建项目，推进高耗水企业向水资源条件允许的工业园区集中。对采用列入淘汰目录工艺、技术和装备的项目，不予批准取水许可；未按期淘汰的，有关部门和地方政府要依法严格查处。可考虑建立行业万元生产总值用水量参照体系，推进产业结构战略性调整和工业技术水平升级，提高工业用水效率和效益，减少用水量，适应缺水条件的持续发展需求。可考虑以钢铁、化工、造纸、食品加工、装备制造等对水资源环境影响较大的工业行业作为用水效率提升工作的靶向，严格执行工业行业准入标准。

4.大力推进工业节水改造

大力推广高效冷却、洗涤、循环用水、废污水再生利用、高耗水生产工艺替代等节水工艺和技术。重点企业要定期开展水平衡测试、用水审计及水效对标。对超过取水定额标准的企业分类分步限期实施节水改造，推进生产废水处理后回用或者交由其他用水量大且水质要求不高的企业；采用先进的用水工艺和水处理技术提高重复利用率，通过用水计划管理，实施总量控制、定额管理、系统节水改造及非常规水源利用等措施，降低工业企业单位产品取水量。

5.加强宣传引导

南方地区节水的重要意义在于节水就是减排、减污,就是减轻治污压力。通过加强基本水情、节水意识、节水方法、节水措施的宣传教育引导,切实提高公众的节水意识,逐步转变、纠正人的错误行为。特别是针对企业、用水大户,要采取进厂区、进园区、进企业等方式,充分利用传统媒体和新媒体等多种手段加强宣传引导,调动节水减排的积极性,营造节水优先的良好氛围。

二、推进全社会节水,促进节水增效减排降损

(一)农业节水增效

1.强化农业取用水管控和评价

强化水资源消耗总量和强度双控,促进优化调整灌区种植结构和生产布局,倒逼用水效率提升和适水种植。选用推广与区域水资源条件相适应的作物品种,逐步减少水资源短缺地区高耗水作物面积,扩大耐旱作物种植比例。在西北、华北等水资源超载地区,有序退减耕地面积,按照相关规划,到 2030 年退减 2800 万亩。在灌区大力发展地方优势特色农产品,鼓励种植耗水少、附加值高的农作物,以适应市场优质化、个性化、多样化需求。例如,河北省调整农业种植结构,通过季节性休耕,实现一季(小麦)休耕、一季(玉米)雨养,充分利用玉米雨热同期的优势,大大减少地下水的开采。

2.完善农业节水标准定额制定

以实施国家节水行动为抓手,加强农业用水精细化管理,健全农业节水标准定额体系。由于南北方水资源条件差异较大,作物类型多样,需要针对不同区域、不同作物类型,加强差别化农业节水标准制定。重视灌溉试验站网建设,加大人员、资金投入力度,开展主要作物灌溉试验,为制定区域内不同作物灌溉用水定额提供基础数据。建立不同区域、不同作物节水标准定额编制工作机制,动态修订节水标准定额,严格标准定额应用。

3.因地制宜推广节水灌溉技术

考虑不同地区气候特点、水源条件、地形、作物类型和管理水平等综合因素,选择推广喷灌、微灌、集雨补灌、水田控制灌溉和水肥一体化等实用高效节水灌溉技术。在东北地区和山东、河南、河北、内蒙古、甘肃、宁夏、陕西等省(自治区),沿河灌区应逐步推广大田作物喷灌机灌溉;在水资源匮乏地区,大田作物可适当采用滴灌,因地制宜以管道代替渠道。蔬菜、果树、马铃薯、玉米和苗木等经济效益好的作物种植区主要推广滴灌。华东、华南、华中和西南地区应大力推广蔬菜、果树、苗木、花卉滴灌。按照《水利部落实〈国家节水行动方案〉任务分工方案》,2020 年前,每年发展高效节水灌溉面积 2000 万亩、水

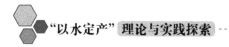

肥一体化面积 2000 万亩;到 2022 年,创建 150 个节水型灌区和 100 个节水农业示范区。

4.加大节水新技术和产品研发力度

从长远战略角度,农业节水灌溉发展立足点应在国产节水技术与产品,需要灌溉推广机构和灌溉企业技术人员共同努力,开发新产品、新技术、新工艺与新材料,同时加快成果转化和推广应用。在引进、消化和吸收国际节水灌溉关键技术基础上,研发具有自主知识产权的产品,并与现代农业技术相结合,形成系统、高效的节水技术体系,推进节水技术装备产品研发及产业化,为农业节水提供技术支撑。

(二)工业节水减排

1.大力推进工业节水改造

大力推广高效冷却、洗涤、循环用水、废污水再生利用、高耗水生产工艺替代等节水工艺和技术。重点企业要定期开展水平衡测试、用水审计及水效对标。对超过取水定额标准的企业分类分步限期实施节水改造,推进生产废水处理后回用或者交由其他用水量大且水质要求不高的企业;采用先进的用水工艺和水处理技术提高重复利用率,通过用水计划管理,实施总量控制、定额管理、系统节水改造及非常规水源利用等措施,降低工业企业单位产品取水量,到 2020 年,水资源超载地区年用水量 1 万 m^3 及以上的工业企业用水计划管理实现全覆盖。

2.开展节水型园区、企业创建

明确工业开发区、新建企业和园区要在规划布局时,统筹供排水、水处理及循环利用设施建设,推动企业间的用水系统集成优化,将节水要求列入各项技术标准中,与节约利用土地、节能减排放在同等重要的位置上。加快节水型园区、企业等节水载体建设,以园区为单位,统筹规划水资源循环利用网络,主要环节包括:多水源供水、工业节水及水资源回用、生活节水及水资源回用、水处理设施生态化建设。鼓励年用水总量超过 10 万 m^3 的企业或园区设立水务经理,建立倒逼机制,将用水户违规记录纳入全国统一的信用信息共享平台。推进现有企业和园区开展以节水为重点内容的绿色高质量转型升级和循环化改造,加快节水及水循环利用设施建设,促进企业间串联用水、分质用水、一水多用和循环利用,通过整体设计、过程控制和深化管理挖掘节水潜力。新建企业要按照高标准节水要求建设,全面提升园区水资源利用效率,减少水体污染物排放量。加强节水服务企业信用体系建设,建立相关市场主体信用记录,纳入全国信用信息共享平台。探索对严重失信主体实施跨部门联合惩戒,对诚实守信主体实施联合激励,引导节水服务市场主体加强自律。

(三)城镇节水降损

1.严控高耗水服务业用水

在水资源超载地区,要严格限制高耗水服务业用水,宾馆、洗车、洗浴、游泳、高尔夫球场等场所,应当配套建设节水设施,未配套建设节水设施或者节水设施不符合要求的,应当在有关行业主管部门规定期限内补建或者改造节水设施。强制要求使用节水产品,加快节水技术改造,对非人体接触用水强制实行循环利用。

2.推广使用节水器具

各地政府部门要完善节水器具推广政策制度,把推广节水器具应用作为节水管理的重要工作内容。规定新建、扩建、改建建设项目要使用节水器具,配套建设节水设施。建立节水器具推广财政补贴制度,因地制宜地推进落后用水器具换装改造工作。在政府采购中,必须采购符合水效标准和其他节水标准的用水器具。各地水行政主管部门要逐步建立适合本地区的节水器具市场准入制度。同时,按照市场经济公平竞争的原则,坚决摒弃地方保护主义,避免形成市场壁垒,影响节水器具的推广应用。已建立准入制度的地区要根据水效标准调整市场准入门槛,从严管理节水器具市场,建立非节水型用水器具市场退出机制,有计划地淘汰更新现有不符合节水标准的用水器具。通过推广普及节水器具,引导消费行为,倡导与我国国情相适应的文明、节约、绿色的消费模式。例如,北京市组织各区进行节水器具换装,在城镇地区已基本普及节水器具的基础上,提出将水效2级以上的高效节水器具作为推广的重点,累计推广换装高效节水器具80万套以上。开展节水器具质量提升行动,联合市发展改革委等五部门向社会发布《节水型生活用水器具推荐表》;联合市商务委将高效节水坐便器、淋浴器纳入节能减排补贴范畴,市民购买目录内的节水产品可享受20%的补贴。

第六节 发挥市场机制作用,调动各方积极性

一、发挥市场在资源配置中的作用

(一)有序推进水权交易

水资源问题在一定程度上已经制约着华北部分地区经济社会的发展。在缺水问题日益严峻的形势下,要进一步探索利用市场机制配置水资源,其中水权交易等将是推进水资源优化配置与水资源市场化的有效途径。例如,内蒙古、河南等成立水权收储转让中心,充分发挥市场机制配置水资源的作用。在水资源使用权分配的基础上,通过开展流域之间、区域之间、行业之间、行业内部的水权交易试点,建立"用户—行业—区域—流

域"4级水权交易平台,充分利用资本市场逐步实现水资源使用权的现货交易和期权交易,促进水资源的高效利用和公平分配,以帮助缺水地区走出以有限水资源支撑经济社会健康发展的困境。

(二)积极培育市场主体

按照"两手发力"的要求,在加大政府投入的基础上,进一步创新投融资体制机制,鼓励和吸引社会资本参与节水工程建设运营、工农业节水技术改造、产业结构调整等领域。有条件的地方,通过加强政策引导,鼓励社会资本参与推动高耗水工业、服务业和城镇用水开展节水治污技术改造,培育节水服务产业。鼓励具有节水技术优势的专业化公司与社会资本组建具有较强竞争力的节水服务企业,鼓励节水服务企业优化要素资源配置,加强商业和运营模式创新,不断提高综合实力和市场竞争力。充分发挥水务等投融资平台资金、技术和管理优势,培育发展具有竞争力的龙头企业。例如,在国家财政支持下,天津市武清区引入大禹节水集团,通过实施农村生活污水处理工程 PPP 项目,实现全域化系统化治理,301 个村庄的覆盖率达到 100%。同时,解决了资金技术管理老大难问题,做到可负担可持续,实现污水资源化利用。

二、充分调动节能减排的积极性

一是制定节能、节水、资源综合利用和环保产品(设备、技术)目录及相应税收优惠政策,实行节能环保项目减免企业所得税及节能环保专用设备投资抵免企业所得税政策。再从金融政策上加大对循环经济、环境保护及节能减排技术改造项目的信贷支持力度,从财政政策上通过采用补助、奖励等方式,支持节能减排重点工程、高效节能产品和节能新机制推广、节能管理能力建设及污染减排监管体系建设。

二是建立完善市场化的交易机制。探索建立和推动完善用能权、用水权、排污权、碳排放权有偿使用和交易制度,健全用能权、用水权、排污权、碳排放权交易机制,创新有偿使用、预算管理、投融资等机制,培育和发展交易市场,开展权属交易,提高资源配置效率和效益,促进水资源节约和高效利用。

三是探索和创新节能减排模式。主要是推行第三方治理和合同能源管理。鼓励在环境监测与风险评估、环境公用设施建设与运行、重点区域和重点行业污染防治、生态环境综合整治等领域推行第三方治理。研究制定第三方治理项目增值税即征即退政策;鼓励各地积极设立第三方治理项目引导基金;建立节能服务公司、用能单位、第三方机构失信黑名单制度;鼓励各级政府加大对合同能源管理的支持力度;支持节能服务公司发行绿色债券。

四是健全市场准入制度。建立和健全节能减排的标准体系,强化标识管理制度,探索建立和完善标识认证体系。

第九章　推进落实"以水定产"的相关建议

第一节　健全组织领导体制机制

一是适时提请国务院成立落实"以水而定"领导小组,负责研究拟订相关协调政策,组织、协调、督促抓好"以水定产"落实工作。进一步明确由国家发展改革委牵头,水利部、财政部、自然资源部、工业和信息化部、农业农村部等相关部委参与配合的组织管理体制。建立部际联席会议制度,加强沟通协调,统筹研究解决落实"四水四定"的重大问题和难点工作。

二是在推进落实西部大开发形成新格局、黄河流域生态保护和高质量发展等国家重大战略时,找准契机,将落实"以水而定"明确为西北地区有关省份现有或新成立的相关领导机构的重要工作职责,发挥好水利部推进黄河流域生态保护和高质量发展工作领导小组的平台作用,促进流域管理和区域管理相协调,落实好以水定产工作。

三是省级层面,建立相应的组织领导机构,并充分发挥好省级层面黄河流域生态保护和高质量发展领导小组、河湖长制等平台的作用,由地方党委政府主要负责同志牵头抓落实。如由政府层面牵头抓节水标准研究,推行高耗水产业负面清单管理,在国土空间开发、产业发展、城镇建设、重大建设项目布局中严格水资源论证,将水资源水生态水环境承载能力作为基本考量,加强对重点监控用水单位的监督管理等。要强化规划引领,推动多规合一。将"以水而定"的战略要求列入地区经济社会发展规划。通过政府层面出台相应的政策文件,将落实"以水而定"要求明确写入其中,以便更好地落实相应的工作责任。

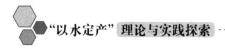

第二节　在国家重大规划和立法修订时充实 "以水定产"的战略要求

与相关部门积极协调,在各省(自治区)国民经济和社会发展规划、城市总体规划、重大产业布局、各类开发区等重大规划及水安全保障规划、"十四五"生态环境保护规划、国土空间规划、乡村振兴战略规划、工业绿色发展规划、全国种植业结构调整规划等相关规划中,把"以水定产"的目标列入约束性指标,明确相应的工作任务和措施。推进《节约用水条例》立法工作,在条款中明确写入落实"以水而定"的战略要求。加快制定出台与水资源水生态水环境承载能力相适应的产业布局引导政策、产业结构调整指导性文件。推进《黄河保护法》的落实,实行水资源刚性约束制度,坚持"四水四定",优化国土空间开发保护格局,促进人口和城市科学合理布局,构建与水资源承载能力相适应的现代产业体系。

第三节　制定产业准入和发展负面清单

立足广泛的调研,以法律法规、强制性标准,以及国家制定的产业政策、发展规划等为依据,对第一、二、三产业中的各行业各门类进行重新分析评估,将涉及国家安全、公共安全、生态安全、落后产能、过剩产能、高能耗高污染产业等禁止和限制的投资领域列入负面清单。建议由省产业主管部门牵头,将"负面清单"管理与产业布局、环保要求、能耗限额标准、劳动者权益保护等政策和法律手段结合起来,与项目核准、行政管理体制改革、财政金融支持等配套改革同步进行,加快建立"违单投诉"与负面清单项目退出机制。并且,对"负面清单"管理实施全程信息监管与及时公告,适时补充、完善、修改和调整负面清单内容,避免管理缺位等风险。此外,负面清单制定后要统筹协调政府各部门,并在部门间全面推进,贯彻落实,在项目核准、行政管理等方方面面配套改革也要及时跟进,出台有关细则条例。在公共财政以及金融等方面也要对负面清单落实予以支持。

第四节　强化区域水量水质水生态监测计量,严格监督考核

一是强化区域地表水、地下水取用耗排的监测和计量。计量监测是强化水资源管理的基础和手段,是实施水资源消耗总量和强度控制决策的重要支撑。以江河重要断面、重点取水口、重要饮用水水源、地下水超采区为重点,依托国家水资源监控能力建设、国家地下水监测等项目,加快健全水资源监测体系,加强水量水质水生态动态监测,服

务水资源监管。一方面,加强取用水监管,要全面开展流域取水工程或设施核查登记,全面掌握取水工程类型、取用水规模、计量监测情况等,摸清底数、明确责任。采用抽查、暗访的方式,强化取水口监督检查,对无证取水、超量取水、无计量取水等突出问题强化整改。另一方面,加强耗水管理,强化高耗水行业、企业、项目的监管,收紧用水指标、用水定额,将高耗水企业作为重点监控用水单位,开展用水计划监控考核,在高耗水工业中广泛开展水平衡测试和用水效率评估,将测试结果作为取水许可审批的重要参考。水利部门要把加强水资源计量体系建设,纳入水利行业强监管和最严格水资源管理制度考核重要内容,并将水资源计量水平作为重点取用水单位取水许可监管、落实国家节水行动政策的重要内容和依据。

二是加快完善水资源计量管理政策。要全面贯彻落实《中华人民共和国水法》《中华人民共和国计量法》要求,开展《水利行业计量管理办法》修订,水利主管部门、市场监管部门协同推进水资源计量管理工作,联合制定出台《加强水资源计量管理指导意见》,明确加强水资源计量管理的总体要求、工作目标和重点任务,着力完善水资源计量监管体系,强化取水单位水资源计量主体责任,加强水资源计量基础能力建设,提高农业灌溉、工业和市政用水计量率,完善农业用水计量设施,配备工业及服务业取用水计量器具,加大水资源计量技术研究和应用,建立健全水资源计量技术服务体系,强化水资源计量管理保障措施。以全面推行水资源税改革试点为契机,加快完善水资源计量管理政策。

三是制定完善水资源计量相关技术标准和规范。会同国家市场监督管理总局全面梳理现行水资源计量技术规范和标准,尽快明确技术标准体系框架任务。结合当前水利行业强监管和推进水资源费税改革的要求,按照急用先行的原则,加快制定修订包括在线检定和远程校准、水资源计量在线采集等一系列技术标准规范,为计量器具和设备设计、生产、选型、安装、检测和监管提供依据。

四是建立用水计量全过程管理体系。推动用水计量管理由技术管理向行政管理转变。联合国家市场监督管理总局出台相关文件,进一步明确用水计量设施从制造销售、工程设计、选型安装、检定校准、运行维护等全过程的管理要求。深入推进重点行业、重点取用水单位的计量监督检查工作,针对部分取用水单位计量器具配备不全、管理不规范、计量数据不准等问题,联合市场监管总局开展计量监督检查,有效推进取用水单位计量工作的规范化、标准化和智能化。

第五节　研究"以水定产"落实情况评价指标体系

针对"以水定产",建议国家层面组织开展专题研究,成立专题组,在全国范围开展调研,科学制定水资源环境承载要求,研究制定一套对各地"以水定产"落实情况进行评价

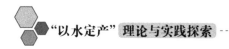

的指标体系,明确评价方法,尽快组织开展评价。摸清各地"以水定产"落实现状,科学评估产业布局与产业结构调整情况,规划水资源论证情况,产业发展中水资源刚性约束的落实程度,是否以水定需、量水而行,是否抑制不合理的用水需求等,找出差距,厘清存在的问题及症结,为进一步推进"四水四定"落实提供支撑。

第六节 推进节水技术设备研发应用,强化科技支撑

一是编制节水技术进步发展规划。由水利部组织编制节水技术进步发展规划,明确当前和今后一段时间内节水技术发展的主要方向、阶段目标,并形成相应实施计划,对节水技术研发应用的组织方式、重点任务和具体措施提出要求,落实工作经费、参与单位和人员及成果运用等内容。

二是发挥水利科研院所在推进技术创新中的作用。水利科研院所应适应落实"以水定产"工作要求,优化调整机构设置,明确研究方向和业务领域,聚焦水资源计量监测、工农业节水重点领域先进技术研发,积极向国家争取申请重大节水科研项目,组织科研人员开展研究,加快建成一批技术研究所(室),引进和培养一批节水技术研发、项目管理的行业领军人才,尽快推出一批切实管用的先进节水技术。

三是实现先进技术设备和工艺在用水单位及时推广应用。完善"产学研用"深度融合的节水技术创新体系,吸引、鼓励和扶持各行业领域单位、大型企业集团、科研院所、专业人员等开展研发、推广和应用。建议水利部或节水办联合相关行业协会,每年选取2～3个农业、工业中的重点行业领域组织开展节水技术设备产品博览会、技术交流研讨会等,请科研院所、高等院校、技术研发机构和有关企业现场交流研究成果,将先进节水技术工艺及时推广到用水户单位和企业等。

参考文献

[1]徐志伟.基于地区—产业双重维度的京津冀生产用水资源优化研究[J].区域经济评论,2013(01):62-68.

[2]杨舒媛,魏保义,王军,等."以水四定"方法初探及在北京的应用[J].北京规划建设,2016(3):100-103.

[3]谷树忠.落实"以水四定"的症结识别与政策工具[J].中国水利,2021(6):52-54+57.

[4]陈岩,赵琰鑫,赵越,等.黄河流域"四水四定"推动高质量发展的实现路径[J].环境保护,2022,50(14):32-35.

[5]陈学群,管清花,题宇洋,等.水资源刚性约束研究与山东实践[J].中国水利,2022(16):14-17.

[6]刘海娇,陈学群,刘彩虹,等.基于DPSIR模型的"四水四定"高质量发展协调性评价[J].人民黄河,2022,44(11):72-77.

[7]乔钰.建立河南黄河水资源刚性约束制度的探讨[J].人民黄河,2022,44(S2):80-82.

[8]程蕾,陈昌军,田金平,等."以水定产"驱动的黄河流域可持续水管理策略研究[J].中国工程科学,2023,25(1):187-197.

[9]王浩,许新发,成静清,等.水资源保护利用"四水四定":基本认知与关键技术体系[J].水资源保护,2023,39(1):1-7.

[10]褚俊英,李孟泽,周祖昊,等.水资源保护利用"四水四定"的创新管理模式探讨[J].水资源保护2024,40(2):23-27+71.

[11]刘章君,成静清,张静文,等.南方丰水地区落实"四水四定"的方法探讨[J].水利发展研究,2022,22(9):21-25.

附　录

"以水定产"相关政策、规划及规范性文件汇编

全国种植业结构调整规划(2016—2020年)
(部分摘录)

二、种植业结构调整的思路、原则和目标任务

(一)总体思路

全面贯彻党的十八大和十八届三中、四中、五中全会精神,深入贯彻习近平总书记系列重要讲话精神,以发展新理念为统领,实施新形势下国家粮食安全战略和藏粮于地、藏粮于技战略,坚持市场导向、科技支撑、生态优先,转变发展方式,加快转型升级,巩固提升粮食产能,推进种植业结构调整,优化品种结构和区域布局,构建粮经饲统筹、农牧结合、种养加一体、一二三产业融合发展的格局,走产出高效、产品安全、资源节约、环境友好的农业现代化道路。

(二)基本原则

1. 坚持底线思维,确保粮食安全。种植业结构调整要立足我国国情和粮情,集中力量把最基本、最重要的保住,守住"谷物基本自给、口粮绝对安全"的战略底线。加强粮食主产区建设,建立粮食生产功能区和重要农产品生产保护区,巩固提升粮食产能。

2. 坚持市场导向,推进产业融合。发挥市场配置资源决定性作用,引导农民安排好生产和种植结构。以关联产业升级转型为契机,推进农牧结合,发展农产品加工业,扩展农业多功能,实现一二三产业融合发展,提升农业效益。

3. 坚持突出重点,做到有保有压。根据资源禀赋及区域差异,做到保压有序、取舍有度。优化品种结构,重点是保口粮、保谷物,兼顾棉油糖菜等生产,发展适销对路的优质品种。优化区域布局,发挥比较优势,巩固提升优势区,适当调减非优势区。优化作物

结构,建立粮经饲三元结构。

4. 坚持创新驱动,注重提质增效。推进科技创新,强化农业科技基础条件和装备保障能力建设,提升种植业结构调整的科技水平。推进机制创新,培育新型农业经营主体和新型农业服务主体,发展适度规模经营,提升集约化水平和组织化程度。

5. 坚持生态保护,促进持续发展。树立尊重自然、顺应自然、保护自然的理念,节约和高效利用农业资源,推进化肥农药减量增效,建立耕地轮作制度,实现用地养地结合,促进资源永续利用、生产生态协调发展。

6. 坚持着眼全球,统筹两个市场。在保障国家粮食安全底线的前提下,充分利用国际农业资源和产品市场,保持部分短缺品种的适度进口,满足国内市场需求。引导国内企业参与国际产能合作,在国际市场配置资源、布局产业,提升我国农业国际竞争力和全球影响力。

(三)发展目标

种植业结构调整的目标,主要是"两保、三稳、两协调"。

"两保",即保口粮、保谷物。到 2020 年,粮食面积稳定在 16.5 亿亩左右,其中稻谷、小麦口粮品种面积稳定在 8 亿亩,谷物面积稳定在 14 亿亩。

"三稳",即稳定棉花、食用植物油、食糖自给水平。到 2020 年,力争棉花面积稳定在 5000 万亩左右,油料面积稳定在 2 亿亩左右,糖料面积稳定在 2400 万亩左右。

"两协调",即蔬菜生产与需求协调发展、饲草生产与畜牧养殖协调发展。到 2020 年,蔬菜面积稳定在 3.2 亿亩左右,饲草面积达到 9500 万亩。

(四)调整任务

1. 构建粮经饲协调发展的作物结构。适应农业发展的新趋势,建立粮食作物、经济作物、饲草作物三元结构。粮食作物:加强粮食主产区建设,建设一批高产稳产的粮食生产功能区,强化基础设施建设,提升科技和物质装备水平,不断夯实粮食产能。经济作物:稳定棉花、油料、糖料作物种植面积,建设一批稳定的商品生产基地。稳定蔬菜面积,发展设施生产,实现均衡供应。饲草作物:按照以养带种、以种促养的原则,积极发展优质饲草作物。

2. 构建适应市场需求的品种结构。消费结构升级,需要农业提供数量充足、品质优良的产品。发展优质农产品,优先发展优质稻米、强筋弱筋小麦、"双低"油菜、高蛋白大豆、高油花生、高产高糖甘蔗等优质农产品。发展专用农产品,积极发展甜糯玉米、加工型早籼稻、高赖氨酸玉米、高油玉米、高淀粉马铃薯等加工型专用品种,发展生物产量高、蛋白质含量高、粗纤维含量低的苜蓿和青贮玉米。发展特色农产品,因地制宜发展传承农耕文明、保护特色种质资源的水稻,有区域特色的杂粮杂豆,风味独特的小宗油料,有

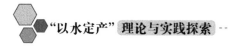

地理标识的农产品。培育知名品牌，扩大市场影响，为消费者提供营养健康、质量安全的放心农产品。

3. 构建生产生态协调的区域结构。综合考虑资源承载能力、环境容量、生态类型和发展基础等因素，确定不同区域的发展方向和重点，分类施策、梯次推进，构建科学合理、专业化的生产格局。提升主产区，重点是发展东北平原、黄淮海地区、长江中下游平原等粮油优势产区，新疆内陆棉区，桂滇粤甘蔗优势区，发展南菜北运基地和北方设施蔬菜，加强基础设施建设，稳步提升产能。建立功能区，优先将水土资源匹配较好、相对集中连片的小麦、水稻田划定为粮食生产功能区，特别是将非主产区的杭嘉湖平原、关中平原、河西走廊、河套灌区、西南多熟区等区域划定为粮食生产功能区。建立保护区，加快将资源优势突出、区域特色明显的重要农产品优先列入保护区，重点是发展东北大豆、长江流域"双低"油菜、新疆棉花、广西"双高"甘蔗等重要产品保护区。

4. 构建用地养地结合的耕作制度。根据不同区域的资源条件和生态特点，建立耕地轮作制度，促进可持续发展。东北冷凉区，实行玉米大豆轮作、玉米苜蓿轮作、小麦大豆轮作等生态友好型耕作制度，发挥生物固氮和养地肥田作用。北方农牧交错区，重点发展节水、耐旱、抗逆性强等作物和牧草，防止水土流失，实现生态恢复与生产发展共赢。西北风沙干旱区，依据降水和灌溉条件，以水定种，改种耗水少的杂粮杂豆和耐旱牧草，提高水资源利用率。南方多熟地区，发展禾本科与豆科、高杆与矮杆、水田与旱田等多种形式的间作、套种模式，有效利用光温资源，实现永续发展。此外，以保障国家粮食安全和农民种植收入基本稳定为前提，在地下水漏斗区、重金属污染区、生态严重退化地区开展休耕试点。禁止弃耕、严禁废耕，鼓励农民对休耕地采取保护措施。

三、品种结构与区域布局

(一)品种结构调整重点

1. 粮食

守住"谷物基本自给、口粮绝对安全"的底线，坚持有保有压，排出优先序，重点是保口粮、保谷物，口粮重点发展水稻和小麦生产，优化玉米结构，因地制宜发展食用大豆、薯类和杂粮杂豆。

——水稻：稳面积与提品质并举，杂交稻与常规稻并重。

稳面积与提品质并举。巩固北方粳稻产区，稳定南方双季稻生产，扩大优质稻种植面积，促进提质增效。到 2020 年，水稻面积稳定在 4.5 亿亩，优质稻比例达到 80%。

杂交稻与常规稻并重。发挥我国杂交水稻育种技术优势，加快选育高产优质高抗杂交稻新品种，稳定杂交稻面积，促进单产提高、品质提升。利用现代育种技术，加快常规稻品种提纯复壮,降低用种成本,发挥常规稻品质优势,提升种植效益。

——小麦:稳定冬小麦、恢复春小麦,抓两头、带中间。

稳定冬小麦、恢复春小麦。稳定黄淮海、长江中下游等主产区冬小麦。结合建立合理轮作体系,在东北冷凉地区、内蒙古河套地区、新疆天山北部地区等,适当恢复春小麦。到2020年,小麦面积稳定在3.6亿亩左右,其中冬小麦稳定在3.3亿亩。

抓两头、带中间。"抓两头",大力发展市场紧缺的用于加工面包的优质强筋小麦和加工饼干蛋糕的优质弱筋小麦。"带中间",带动用于加工馒头、面条的中筋或中强筋小麦品质提升。

——玉米:调减籽粒玉米,扩大青贮玉米,适当发展鲜食玉米。

调减籽粒玉米。巩固提升玉米优势区,适当调减非优势区,重点是调减东北冷凉区、北方农牧交错区、西北风沙干旱区春玉米,以及黄淮海地区低产的夏玉米面积,大力推广适合籽粒机收品种,推进全程机械化生产。到2020年,玉米面积稳定在5亿亩左右,重点是调减"镰刀弯"地区玉米面积5000多万亩。

扩大青贮玉米。根据以养带种、以种促养的要求,因地制宜发展青贮玉米,提供优质饲料来源,就地过腹转化增值。到2020年,青贮玉米面积达到2500万亩。

适当发展鲜食玉米。适应居民消费升级的需要,扩大鲜食玉米种植,为居民提供营养健康的膳食纤维和果蔬。到2020年,鲜食玉米面积达到1500万亩。

——大豆:粮豆轮作、恢复面积,改善品质、提高效益。

粮豆轮作、恢复面积。因地制宜开展粮豆轮作,在东北地区推广玉米大豆轮作模式,在黄淮海地区推广玉米大豆轮作、麦豆一年两熟或玉米大豆间套作,适当恢复大豆种植面积。到2020年,大豆面积达到1.4亿亩、增加4000万亩左右。

改善品质、提高效益。根据我国居民的饮食习惯和大豆市场供求现状,东北地区扩大优质食用大豆面积,稳定油用大豆面积。黄淮海地区以优质高蛋白食用大豆为重点,适当恢复面积。加快科技创新、加大政策扶持,推进经营体制创新,实现增产增效、节本增效、提质增效。实现国产大豆与国外高油大豆的错位竞争,满足国民对健康植物蛋白的消费需求。

——薯类杂粮:扩大面积、优化结构,加工转化、提质增效。

扩大面积、优化结构。适当调减"镰刀弯"地区玉米面积,改种耐旱耐瘠薄的薯类、杂粮杂豆,满足市场需求,保护生态环境。到2020年,薯类杂粮种植面积达到2.3亿亩左右。

加工转化、提质增效。按照"营养指导消费、消费引导生产"的要求,开发薯类杂粮营养健康、药食同源的多功能性,广泛应用于主食产品开发、酿酒酿造、营养保健、精深加工等领域,推进规模种植和产销衔接,实现加工转化增值,带动农民增产增收。

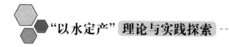

2. 棉花

稳定面积。受种植效益下降等因素影响,棉花生产向优势区域集中、向盐碱滩涂地和沙性旱地集中、向高效种植模式区集中,在已有的西北内陆棉区、黄河流域棉区、长江流域棉区"三足鼎立"的格局下,提升新疆棉区,巩固沿海沿江沿黄环湖盐碱滩涂棉区。到 2020 年,棉花面积稳定在 5000 万亩左右,其中新疆棉花面积稳定在 2500 万亩左右。

双提增效。着力提高单产、提升品质、增加效益。加快选育耐盐碱、抗性强、宜机收的高产棉花品种,集成配套棉花生产机械移栽收获等技术。同时,解决棉花"三丝"等异性纤维,以及机收杂质、纤维长度和强度降低等品质问题,实现增产增效、节本增效、提质增效。

3. 油料

两油为主。重点发展油菜和花生生产。稳定长江流域油菜、花生面积和黄淮海花生面积,因地制宜扩大东北农牧交错区花生面积。到 2020 年,油菜面积稳定在 1 亿亩左右,花生面积稳定在 7000 万亩左右。

多油并举。因地制宜发展耐旱耐盐碱耐瘠薄的油葵、芝麻、胡麻等小宗油料作物,积极发展高油玉米。在适宜地区示范推广油用牡丹、油莎豆等,增加新油源。充分利用棉籽、米糠等原料,开发食用植物油。

4. 糖料

稳定面积。通过完善甘蔗价格形成机制,集成配套以机械收割等为主的节本增效技术,调动农民种植甘蔗积极性。重点是稳定广西、云南等优势产区,适当调减不具备比较优势的甘蔗产区。到 2020 年,糖料面积稳定在 2400 万亩左右,其中甘蔗面积稳定在 2100 万亩左右。

双提双增。着力提高单产、提高含糖率,增加产量、增加效益。加快选育高产高糖抗逆及适宜机械收割的新品种,大力推广甘蔗脱毒健康种苗,集成配套轻简高效栽培技术模式,提高单产、提高品质、增加效益。

5. 蔬菜

稳定面积。统筹蔬菜优势产区和大中城市"菜园子"生产,巩固提升北方设施蔬菜生产,稳定蔬菜种植面积。到 2020 年,蔬菜面积稳定在 3.2 亿亩左右,其中设施蔬菜达到 6300 万亩。

保质增效。重点是推广节水环保和绿色防控等技术,建立系统完整的从田间到餐桌产品质量追溯体系,确保蔬菜产品质量安全。提升设施农业的防护能力,推广肥水一体和小型作业机械,因地制宜推广智能监控和"互联网+"等现代技术,实现增产增效、节本增效。

均衡供应。统筹南菜北运蔬菜基地和北方设施蔬菜生产,发展春提早和秋延后以及越冬蔬菜生产。完善流通设施,加强产地冷链建设,着力解决蔬菜供应时空分布不均的矛盾,实现周年均衡供应。

6. 饲草作物

以养带种。根据养殖生产的布局和规模,因地制宜发展青贮玉米等优质饲草饲料,逐步建立粮经饲三元结构。到 2020 年,青贮玉米面积达到 2500 万亩,苜蓿面积达到 3500 万亩。

多元发展。北方地区重点发展优质苜蓿、青贮玉米、饲用燕麦等饲草,南方地区重点发展黑麦草、三叶草、狼尾草、饲用油菜、饲用苎麻、饲用桑叶等。

(二)区域布局调整重点

综合考虑自然生态条件、生产发展现状、结构调整潜力,明确六大区域的调整重点和方向。

1. 东北地区

——区域特点。本区地域辽阔,耕地面积大。松嫩平原、三江平原和辽河平原位于本区核心位置,耕地肥沃且集中连片,适宜农业机械耕作。雨量充沛,年降水量 500～700mm,无霜期 80～180d,初霜日在 9 月上、中旬,≥10℃积温 1300～3700℃,日照时数 2300～3000h,雨热同季,适宜农作物生长,是我国条件最好的一熟制作物种植区和商品粮生产基地。区内光温水热条件可以满足春小麦、玉米、大豆、粳稻、马铃薯、花生、向日葵、甜菜、杂粮、杂豆及温带瓜果蔬菜的种植需要。进入 21 世纪以来,本区种植业生产专业化程度迅速提高,成为我国重要的玉米和粳稻集中产区。与此同时,其他作物的面积不断减少,尤其是传统优势作物大豆的种植面积不断缩减。由于气候和品种原因,本区粮食生产在一定程度上存在专用品种少、市场竞争力不强的现象。

——调整方向:突出"稳、减、扩、建"四字要领,即稳定水稻面积,调减玉米面积,扩种大豆、杂粮、薯类和饲草作物,构建合理轮作制度。

稳定水稻面积。稳定三江平原、松嫩平原等优势产区的水稻面积。加快大中型灌区续建配套和节水改造,特别是加大"两江一湖"(黑龙江、乌苏里江、兴凯湖)水利工程建设力度,改进水稻灌溉方式,扩大自流灌溉面积,减少井灌面积,控制地下水开采。到 2020 年,东北地区水稻自流灌溉面积比例达到 2/3 左右。

调减玉米面积。调减黑龙江北部、内蒙古呼伦贝尔等第四、五积温带,以及农牧交错带的玉米种植面积。到 2020 年,调减籽粒玉米面积 3000 万亩以上。

扩种大豆杂粮薯类和饲草作物。调减的玉米面积改种大豆、春小麦、杂粮杂豆及青贮玉米等作物。其中,2020 年大豆面积达到 8100 万亩,青贮玉米面积达到 1000 万亩。

构建合理轮作制度。在黑龙江、内蒙古第四、五积温带推行玉米大豆、小麦大豆、马铃薯大豆轮作,在黑龙江南部、吉林和辽宁东部地区推行玉米大豆轮作,在东北的农牧交错区推行"525轮作"(即5年苜蓿、2年玉米、5年苜蓿),在大兴安岭沿麓地区推行小麦油菜轮作,实现用地养地相结合,逐步建立合理的轮作体系。

此外,该区域要在大中城市因地制宜发展日光温室大棚等设施蔬菜,提高冬春淡季蔬菜自给率。

2. 黄淮海地区

——区域特点。本区位于秦岭—淮河线以北、长城以南的广大区域,属温带大陆季风气候,农业生产条件较好,土地平整,光热资源丰富。年降水量500~800mm,≥10℃积温4000~4500℃,无霜期175~220d,日照时数2200~2800h,可以两年三熟到一年两熟,是我国冬小麦、玉米、花生和大豆的优势产区和传统棉区,是应季蔬菜和设施蔬菜的重要产区。水资源不足、地下水超采、耕地数量和质量下降是本区农业生产的主要限制因素。北京、天津两大直辖市位于本区,京津冀协同发展对本区农业生产结构有着特殊要求。

——调整方向:稳字为重,压保并进,粮经饲统筹。

稳字为重。本区是我国重要的粮棉油菜饲生产基地,形成了一套成熟的耕作制度和种植模式。重点是稳定小麦面积,完善小麦/玉米、小麦/大豆(花生)一年两熟种植模式,搞好茬口衔接,大力发展优质强筋小麦。稳定蔬菜面积,扩大青贮玉米面积。到2020年,小麦面积稳定在2.4亿亩,玉米面积稳定在1.6亿亩,蔬菜面积稳定在1亿亩。

压保并进。在稳步提升粮食产能的前提下,适度调减华北地下水严重超采区小麦种植面积,改种耐旱耐盐碱的棉花和油葵等作物,扩种马铃薯、苜蓿等耐旱作物。保持滨海盐碱地、滩涂地棉花面积稳定。

粮经饲统筹。统筹粮棉油菜饲生产,适当扩种花生、大豆、饲草。到2020年,花生面积稳定在3700万亩以上,大豆面积达到4000万亩,苜蓿面积达到500万亩。

3. 长江中下游地区

——区域特点。本区属亚热带季风气候,水热资源丰富,河网密布,水系发达,是我国传统的鱼米之乡。年降水量800~1600mm,无霜期210~300d,≥10℃积温4500~5600℃,日照时数2000~2300h,耕作制度以一年两熟或三熟为主,大部分地区可以发展双季稻,实施一年三熟制。耕地以水田为主,占耕地总面积的60%左右。种植业以水稻、小麦、油菜、棉花等作物为主,是我国重要的粮、棉、油生产基地。本区是我国稻麦两熟的主产区,粳稻与小麦两熟季节紧,上下茬之间如何协调以实现周年高产是当前的主要问题。

——调整方向:"两稳一提",即稳定双季稻面积,稳定油菜面积,提升品质。

稳定双季稻面积。推广水稻集中育秧和机插秧,提高秧苗素质,减轻劳动强度,保持双季稻面积稳定。规范直播稻发展,减少除草剂使用,规避倒春寒、寒露风等灾害,修复稻田生态,因地制宜发展再生稻。到2020年,双季稻面积稳定在1.1亿亩。

稳定油菜面积。加快选育推广生育期短、宜机收的油菜品种,做好茬口衔接。开发利用冬闲田,扩大油菜种植。加快选育不同用途的油菜品种,积极拓展菜用、花用、肥用、饲用等多种功能。到2020年,油菜面积稳定在6000万亩。

提升品质。选育推广生育期适中、产量高、品质好的优质籼稻和粳稻品种,组装配套技术模式,合理安排茬口。选育推广高产优质的弱筋小麦专用品种,集成配套高产高效技术模式,因地制宜扩种优质弱筋小麦,增加市场供应。推广"双低"油菜,提高油菜籽品质。

此外,开发利用沿海沿江环湖盐碱滩涂资源种植棉花,开发冬闲田扩种黑麦草等饲草作物。

4. 华南地区

——区域特点。本区大部分属于南亚热带湿润气候,是我国水热资源最丰富的地区,年降水量1300～2000mm,无霜期235～340d,≥10℃积温6500～9300℃,日照时数1500～2600h。南部属热带气候,终年无霜,可一年三熟。本区人口密集,人均耕地少。耕地以水田为主;地形复杂多样,河谷、平原、山间盆地、中低山交错分布,是我国重要的热带水果、甘蔗和反季节蔬菜产区,产品销往港澳地区。传统粮食作物以水稻为主,兼有鲜食玉米,近年马铃薯发展较快。油料作物以花生为主。

——调整方向:"两稳一扩",即稳定水稻面积、稳定糖料面积、扩大冬种面积。

稳定水稻面积。稳定双季稻面积,集成推广集中育秧、机插秧及抛秧等关键技术,提高生产组织化程度;选育推广优质籼稻,着力改善稻米品质,推进稻米加工转化,提高市场竞争能力。因地制宜发展再生稻。到2020年,水稻面积稳定在7500万亩。

稳定糖料面积。推广应用脱毒健康种苗,加强"双高"蔗田基础设施建设,推动生产规模化、专业化、集约化,加快机械收获步伐,大力推广秋冬植蔗,深挖节本增效潜力,促进稳定发展。

扩大冬种面积。充分利用冬季光温资源,开发冬闲田,扩大冬种马铃薯、玉米、蚕豌豆、绿肥和饲草作物等,加强南菜北运基地基础设施建设,实现错季上市、均衡供应,增加农民收入。

5. 西南地区

——区域特点。本区地处我国长江、珠江等大江大河的上游生态屏障地区,地形复

125

杂,山地、丘陵、盆地交错分布,垂直气候特征明显,生态类型多样,冬季温和,生长季长,雨热同季,适宜多种作物生长,有利于生态农业、立体农业的发展。年降水量 800～1600mm,无霜期 210～340d,≥10℃积温 3500～6500℃,日照时数 1200～2600h,主要种植玉米、水稻、小麦、大豆、马铃薯、甘薯、油菜、甘蔗、烟叶、苎麻等作物,是我国重要的蔬菜和中药材生产区域。本区主要制约因素是土地细碎,人地矛盾紧张,石漠化、水土流失、季节性干旱等问题突出,坡耕地比重大,不利于机械作业。

——调整方向:稳粮扩经、增饲促牧,间套复种、增产增收。

稳粮扩经、增饲促牧。因地制宜推广轻简栽培及小型机具,稳定水稻、小麦生产,发展再生稻,稳定藏区青稞面积,扩种马铃薯和杂粮杂豆。推广油菜育苗移栽和机械直播等技术,扩大优质油菜生产。对坡度 25°以上的耕地实行退耕还林还草,调减云贵高原非优势区玉米面积,改种优质饲草,发展草食畜牧业。到 2020 年,水稻面积稳定在 6700 万亩,小麦面积稳定在 2900 万亩,玉米面积稳定在 5500 万亩,油菜面积达到 3300 万亩。

间套复种、增产增收。发挥光温资源丰富、生产类型多样、种植模式灵活的优势,推广玉米/大豆、玉米/马铃薯、玉米/红薯间套作等生态型复合种植,合理利用耕地资源,提高土地产出率,实现增产增收。

6. 西北地区

——区域特点。本区大部分位于我国干旱、半干旱地带,土地广袤,光热资源丰富,耕地充足,人口稀少,增产潜力较大。但干旱少雨,水土流失和土壤沙化现象严重。年降水量小于 400mm,无霜期 100～250d,初霜日在 10 月底,≥10℃积温 2000～4500℃,日照时数 2600～3400h。农业生产方式包括雨养农业、灌溉农业和绿洲农业,是我国传统的春小麦、马铃薯、杂粮、春油菜、甜菜、向日葵、温带水果产区,是重要的优质棉花产区。

——调整方向:稳夏优秋、稳棉保供、特色增效。

稳夏优秋。以推广覆膜技术为载体,顺应天时、趋利避害,稳定小麦等夏熟作物,积极发展马铃薯、春小麦、杂粮杂豆,因地制宜发展青贮玉米、苜蓿、饲用油菜、饲用燕麦等饲草作物。

稳棉保供。推进棉花规模化种植、标准化生产、机械化作业,提高生产水平和效率。发挥新疆光热和土地资源优势,推广膜下滴灌、水肥一体等节本增效技术,积极推进棉花机械采收,稳定棉花种植面积,保证国内用棉需要。到 2020 年,棉花面积稳定在 2500 万亩以上。

特色增效。积极发展特色杂粮杂豆,扩种特色油料,增加市场供应,促进农民增收。充分利用西北地区光热资源优势,加强玉米、蔬菜、脱毒马铃薯、苜蓿等制种基地建设,满足生产用种需要。

四、推进种植业结构调整的政策措施

种植业结构调整是一项系统工程,需要加强顶层设计,搞好规划指导,构建上下联动、协同推进的工作机制。同时,要强化项目支撑和政策扶持,调动地方政府和农民群众的积极性。

(一)完善农产品价格政策。统筹考虑水稻、小麦、玉米、大豆、油料、棉花等作物的比较效益,健全完善主要农产品价格形成机制,释放价格信号,引导农民按照市场需求调整优化种植结构。坚持实施稻谷、小麦最低收购价政策,保持价格基本稳定。完善玉米收储政策,玉米价格要反映市场供求关系,调节生产与需求,落实好玉米生产补贴,保持优势区玉米种植收益基本稳定。合理确定大豆目标价格水平,改进补贴方式,提早公布年度目标价格。完善油菜籽、食糖收储和棉花目标价格政策。

(二)建立合理轮作补助政策。整合项目资金,加大补助力度,支持各地因地制宜推行耕地轮作模式,逐步建立粮豆轮作、粮经轮作、粮饲轮作等耕地轮作制度,促进农业可持续发展。扩大粮改饲试点范围,以养带种,农牧结合,促进饲草生产与畜牧养殖协调发展。此外,在地下水漏斗区、重金属污染区和生态严重退化地区开展耕地休耕制度试点,合理确定补助标准。

(三)加强高标准农田建设。实施"藏粮于地"战略,加快实施《全国高标准农田建设总体规划》《全国新增千亿斤粮食生产能力规划》,加大资金投入,加快建设集中连片、旱涝保收、稳产高产、生态友好的高标准农田,优先建设口粮田。强化耕地质量保护与提升,开展土壤改良、地力培肥和养分平衡,防止耕地退化,提高地力水平。抓好东北黑土地退化区、南方土壤酸化区、北方土壤盐渍化区综合治理,保护和提升耕地质量。

(四)推进农业科技创新。实施"藏粮于技"战略,加强农业关键共性技术研究,在节本降耗、节水灌溉、农机装备、绿色投入品、重大生物灾害防治、秸秆综合利用等方面取得一批重大实用技术成果。推进种业科技创新,深入推进种业科研成果权益分配改革,探索科研成果权益分享、转移转化和科研人员分类管理机制。全面推进良种重大科研联合攻关,创新育种方法和技术,改良育种材料,加快培育和推广一批高产优质多抗适宜机收的突破性新品种,加快主要粮食作物新一轮品种更新换代。加大现代种业提升工程实施力度,改善种业育种创新装备条件。推进技术集成创新,深入开展绿色高产高效创建和模式攻关,集成组装一批高产高效、资源节约、生态环保的技术模式,示范带动均衡增产和可持续发展。

(五)提升农机装备水平。发挥农业机械在结构调整中集成技术、节本增效、推动规模经营的重要作用。开展新型高效农业机械研发,推广一批适宜不同区域、不同作物、不同环节的新机具。促进农机农艺融合,着力解决水稻机插和玉米、油菜、甘蔗、棉花、花

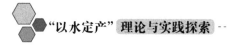

生、马铃薯等机播机收突出问题,加大蔬菜、饲草生产机械装备研发和示范应用,提高生产机械化水平。推进主要农作物生产全程机械化,探索总结全程机械化的技术路径、技术模式、机具配套、操作规程及服务方式。

(六)完善金融保险政策。加大金融保险对种植业结构调整的支持力度。发挥财政投入的杠杆作用,通过补贴、贴息等方式,撬动金融资本、社会资本进入,形成多方投入的机制。加快建立农业信贷担保体系,解决新型经营主体融资难问题。扩大农业政策性保险覆盖面,稳步提高保障水平。探索开展农产品价格保险试点。

(七)加大生态保护力度。打好农业面源污染攻坚战,努力实现"一控两减三基本"的目标。推进农业节水增效,发展旱作农业、节水农业和雨养农业,重点推广水肥一体化技术,提高水资源和肥料利用率。推进化肥农药减量增效,推广精准施肥施药技术和高效施肥施药机械,推广有机肥替代化肥、高效低毒低残留及生物农药替代高毒高残留农药等技术。推进测土配方施肥和病虫害统防统治,提高化肥、农药利用率。推进农业废弃物资源化利用,建立农业废弃物肥料化、饲料化、能源化、基料化、原料化"五化"综合利用体系。开展地膜总量和区域控制及区域性残膜回收利用示范,创新地膜回收与再利用机制。

(八)强化农产品市场调控。加强对主要农产品生产、消费、进出口、储运等重点环节的监测,建立健全中长期供求总量平衡机制、市场监测预警机制、信息会商机制和信息发布机制。完善主要农产品储备调控体系,优化储备布局,建立吞吐轮换机制。加强进出口调控,根据国内外市场供求情况,把握好农产品进口节奏、规模、时机。统筹谋划农产品进出口,科学确定优势的出口产品和紧缺的进口产品,合理布局国际产能,建立海外稳定的重要农产品原料生产基地,增强国际市场话语权。

水利改革发展"十三五"规划
(部分摘录)

二、总体要求

(三)主要目标

到 2020 年,基本建成与经济社会发展要求相适应的防洪抗旱减灾体系、水资源合理配置和高效利用体系、水资源保护和河湖健康保障体系、有利于水利科学发展的制度体系,水利基础设施网络进一步完善,水治理体系和水治理能力现代化建设取得重大进展,国家水安全保障综合能力显著增强。

节约用水。全国年供用水总量控制在 6700 亿 m³ 以内。万元国内生产总值用水量、万元工业增加值用水量较 2015 年分别降低 23% 和 20%。全国城市公共供水管网漏损率控制在 10% 以内,城镇和工业用水计量率达到 85% 以上。农田灌溉水有效利用系数提高到 0.55 以上,大型灌区和重点中型灌区农业灌溉用水计量率达到 70% 以上。

三、全面推进节水型社会建设

(一)落实最严格的水资源管理制度

强化节水约束性指标管理。严格落实水资源开发利用总量、用水效率和水功能区限制纳污总量"三条红线",实施水资源消耗总量和强度双控行动,健全取水计量、水质监测和供用耗排监控体系。加快制定重要江河流域水量分配方案,细化落实覆盖流域和省市县三级行政区域的取用水总量控制指标,严格控制流域和区域取用水总量。实施引调水工程要先评估节水潜力,落实各项节水措施。健全节水技术标准体系。将水资源开发、利用、节约和保护的主要指标纳入地方经济社会发展综合评价体系,县级以上地方人民政府对本行政区域水资源管理和保护工作负总责。加强最严格水资源管理制度考核工作,把节水作为约束性指标纳入政绩考核,在严重缺水的地区率先推行。

强化水资源承载能力刚性约束。加强相关规划和项目建设布局水资源论证工作,国民经济和社会发展规划以及城市总体规划的编制、重大建设项目的布局,应当与当地水资源条件和防洪要求相适应。严格执行建设项目水资源论证和取水许可制度,对取用水总量已达到或超过控制指标的地区,暂停审批新增取水。强化用水定额管理,完善重点行业、区域用水定额标准。严格水功能区监督管理,从严核定水域纳污容量,严格控制入河湖排污总量,对排污量超出水功能区限排总量的地区,限制审批新增取水和入河湖排污口。强化水资源统一调度。

(二)大力推进重点领域节水

加大农业节水力度。继续把农业节水作为主攻方向,调整农业生产和用水结构,加强灌区骨干渠系节水改造、田间工程配套、低洼易涝区治理和农业用水管理,实现输水、用水全过程节水,提高农业灌溉用水效率,逐步降低农业用水比重,优化用水结构。积极推广使用喷灌、微灌、低压管道输水灌溉等高效节水技术,推进区域规模化高效节水灌溉发展。积极推行灌溉用水总量控制、定额管理,配套农业用水计量设施,加强灌区监测与管理信息系统建设,提高精准灌溉水平。推广农机、农艺和生物技术节水措施。

深入开展工业节水。积极推进重点用水行业水效领跑者引领行动。加快火电、石化、钢铁、纺织、造纸、化工、食品发酵等高耗水工业行业节水技术改造。大力推广工业水循环利用、高效冷却、热力系统节水、洗涤节水等通用节水工艺和技术,依法依规淘汰落后用水工艺和技术,加强非常规水资源利用,提高工业用水效率。强化重点用水单位监

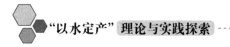

督巡查,开展节水型企业创建工作,鼓励产业园区统一供水、废水集中处理和循环利用,规模以上工业企业重复用水率达到 91% 以上。

加强城镇节水。加快城乡供水管网建设和改造,降低公共供水管网漏损率。全面推广使用生活节水器具,加快换装公共建筑中不符合节水标准的用水器具,引导居民淘汰现有不符合节水标准的生活用水器具,城市节水器具普及率达到 90% 以上。基本实现城市供水"一户一表"改造全覆盖。推进服务业节水改造,对非人体接触用水强制实行循环利用。深入开展节水型单位和居民小区建设活动,推进机关、学校、医院、宾馆、家庭等节水。到 2020 年,地级及以上缺水城市全部达到国家节水型城市标准要求,京津冀、长三角、珠三角等区域提前一年完成。

节水型社会建设"十三五"规划

(部分摘录)

三、重点任务

(一)加强制度建设,完善节水降耗机制

强化水资源承载能力刚性约束。建立水资源承载能力监测预警机制,强化水资源承载能力在区域发展、城镇建设、产业布局等方面的刚性约束,促进经济社会发展与水资源条件相适应。在水资源短缺和生态环境脆弱地区,地下水超采、地表水过度开发地区,探索实行耕地轮作休耕制度,调整种植结构,试行退地减水,扩大耐旱作物种植比例。严格落实主体功能区规划,生态脆弱区、严重缺水区、地下水超采区实行负面清单管理,坚决压缩产业规模,调整产业结构,限制或禁止发展高耗水产业。坚持集约发展,制定与当地水资源条件相适应的统一空间规划,科学划定城镇开发边界,优化城镇空间布局和发展规模。

建立健全规划和建设项目水资源论证制度。推进重大产业布局、各类开发区等重大规划水资源论证,城市总体规划的编制应充分考虑当地水资源条件,建立严格的项目水资源论证和取水许可管理制度,从严从紧核定许可水量。对取水许可总量已达到或超过控制指标的地区,暂停审批新增取水。

拧紧水资源管理阀门。严格用水定额管理,强化行业和产品用水强度控制。建立先进的用水定额体系,到 2020 年全面覆盖主要农作物、工业产品和生活服务行业。加大计划用水管理,加强水资源统一调度,对纳入取水许可管理的单位和其他用水大户全部实行计划用水管理。落实节水"三同时"制度,对违反"三同时"制度的企业,责令停止取用水并限期整改。建立节水部门联动执法机制,加强执法检查。

（四）强化监管考核，规范用水节水行为

健全节水法规和考核制度。加快推进《节约用水条例》出台，健全节水法律法规。实施水资源消耗总量和强度双控行动，加快建 立国家水资源督查制度。推进江河流域水量分配，加快完成53条跨省重要江河流域水量分配。逐级建立用水总量控制和强度控制目 标责任制，全面实施最严格水资源管理制度考核。加大节水考核力度，在缺水地区试行把节水作为约束性指标纳入政绩考核。

加快计量监控能力建设。加快国家水资源监控能力建设，对年 实际取水量100万 m^3 及以上工业取用水户、公共供水取水户、灌 溉面积大于5万亩的重点中型以上灌区渠首实行在线监控。健全水资源计量体系，完善中央、流域和省域水资源管理系统三级平台建 设，加强信息共享、互联互通和业务协同。实现城镇供水"一户一表"改造全覆盖，结合农田水利工程建设大力推进农业灌溉用水计 量监控，加强取水、用水计量器具配备和管理，鼓励重点高耗水行 业建立用水实时监测管控系统，大幅提高工业用水效率及农业灌 溉、城镇用水计量率。加强重点监控用水单位监督管理，发布国家 重点监控用水单位名录，初步建立重点监控用水单位管理体系和信用体系。

国家节水行动方案

为贯彻落实党的十九大精神，大力推动全社会节水，全面提升水资源利用效率，形成节水型生产生活方式，保障国家水安全，促进高质量发展，制定本行动方案。

一、重大意义

水是事关国计民生的基础性自然资源和战略性经济资源，是生态环境的控制性要素。我国人多水少，水资源时空分布不均，供需矛盾突出，全社会节水意识不强、用水粗放、浪费严重，水资源利用效率与国际先进水平存在较大差距，水资源短缺已经成为生态文明建设和经济社会可持续发展的瓶颈制约。要从实现中华民族永续发展和加快生态文明建设的战略高度认识节水的重要性，大力推进农业、工业、城镇等领域节水，深入推动缺水地区节水，提高水资源利用效率，形成全社会节水的良好风尚，以水资源的可持续利用支撑经济社会持续健康发展。

二、总体要求

（一）指导思想

以习近平新时代中国特色社会主义思想为指导，全面贯彻党的十九大和十九届二中、三中全会精神,认真落实党中央、国务院决策部署,统筹推进"五位一体"总体布局和协调推进"四个全面"战略布局,牢固树立和贯彻落实新发展理念,坚持节水优先方针,把节水作为解决我国水资源短缺问题的重要举措,贯穿到经济社会发展全过程和各领域,强化水资源承载能力刚性约束,实行水资源消耗总量和强度双控,落实目标责任,聚焦重点领域和缺水地区,实施重大节水工程,加强监督管理,增强全社会节水意识,大力推动节水制度、政策、技术、机制创新,加快推进用水方式由粗放向节约集约转变,提高用水效率,为建设生态文明和美丽中国、实现"两个一百年"奋斗目标奠定坚实基础。

(二)基本原则

整体推进、重点突破。优化用水结构,多措并举,在各领域、各地区全面推进水资源高效利用,在地下水超采地区、缺水地区、沿海地区率先突破。

技术引领、产业培育。强化科技支撑,推广先进适用节水技术与工艺,加快成果转化,推进节水技术装备产品研发及产业化,大力培育节水产业。

政策引导、两手发力。建立健全节水政策法规体系,完善市场机制,使市场在资源配置中起决定性作用和更好发挥政府作用,激发全社会节水内生动力。

加强领导、凝聚合力。加强党和政府对节水工作的领导,建立水资源督察和责任追究制度,加大节水宣传教育力度,全面建设节水型社会。

(三)主要目标

到 2020 年,节水政策法规、市场机制、标准体系趋于完善,技术支撑能力不断增强,管理机制逐步健全,节水效果初步显现。万元国内生产总值用水量、万元工业增加值用水量较 2015 年分别降低 23% 和 20%,规模以上工业用水重复利用率达到 91% 以上,农田灌溉水有效利用系数提高到 0.55 以上,全国公共供水管网漏损率控制在 10% 以内。

到 2022 年,节水型生产和生活方式初步建立,节水产业初具规模,非常规水利用占比进一步增大,用水效率和效益显著提高,全社会节水意识明显增强。万元国内生产总值用水量、万元工业增加值用水量较 2015 年分别降低 30% 和 28%,农田灌溉水有效利用系数提高到 0.56 以上,全国用水总量控制在 6700 亿 m³ 以内。

到 2035 年,形成健全的节水政策法规体系和标准体系、完善的市场调节机制、先进的技术支撑体系,节水护水惜水成为全社会自觉行动,全国用水总量控制在 7000 亿 m³ 以内,水资源节约和循环利用达到世界先进水平,形成水资源利用与发展规模、产业结构和空间布局等协调发展的现代化新格局。

三、重点行动

(一)总量强度双控

1. 强化指标刚性约束。严格实行区域流域用水总量和强度控制。健全省、市、县三级行政区域用水总量、用水强度控制指标体系,强化节水约束性指标管理,加快落实主要领域用水指标。划定水资源承载能力地区分类,实施差别化管控措施,建立监测预警机制。水资源超载地区要制定并实施用水总量削减计划。到 2020 年,建立覆盖主要农作物、工业产品和生活服务业的先进用水定额体系。

2. 严格用水全过程管理。严控水资源开发利用强度,完善规划和建设项目水资源论证制度,以水定城、以水定产,合理确定经济布局、结构和规模。2019 年底,出台重大规划水资源论证管理办法。严格实行取水许可制度。加强对重点用水户、特殊用水行业用水户的监督管理。以县域为单元,全面开展节水型社会达标建设,到 2022 年,北方 50% 以上、南方 30% 以上县(区)级行政区达到节水型社会标准。

3. 强化节水监督考核。逐步建立节水目标责任制,将水资源节约和保护的主要指标纳入经济社会发展综合评价体系,实行最严格水资源管理制度考核。完善监督考核工作机制,强化部门协作,严格节水责任追究。严重缺水地区要将节水作为约束性指标纳入政绩考核。到 2020 年,建立国家和省级水资源督察和责任追究制度。

(二)农业节水增效

4. 大力推进节水灌溉。加快灌区续建配套和现代化改造,分区域规模化推进高效节水灌溉。结合高标准农田建设,加大田间节水设施建设力度。开展农业用水精细化管理,科学合理确定灌溉定额,推进灌溉试验及成果转化。推广喷灌、微灌、滴灌、低压管道输水灌溉、集雨补灌、水肥一体化、覆盖保墒等技术。加强农田土壤墒情监测,实现测墒灌溉。2020 年前,每年发展高效节水灌溉面积 2000 万亩、水肥一体化面积 2000 万亩。到 2022 年,创建 150 个节水型灌区和 100 个节水农业示范区。

5. 优化调整作物种植结构。根据水资源条件,推进适水种植、量水生产。加快发展旱作农业,实现以旱补水。在干旱缺水地区,适度压减高耗水作物,扩大低耗水和耐旱作物种植比例,选育推广耐旱农作物新品种;在地下水严重超采地区,实施轮作休耕,适度退减灌溉面积,积极发展集雨节灌,增强蓄水保墒能力,严格限制开采深层地下水用于农业灌溉。到 2022 年,创建一批旱作农业示范区。

6. 推广畜牧渔业节水方式。实施规模养殖场节水改造和建设,推行先进适用的节水型畜禽养殖方式,推广节水型饲喂设备、机械干清粪等技术和工艺。发展节水渔业、牧业,大力推进稻渔综合种养,加强牧区草原节水,推广应用海淡水工厂化循环水和池塘工程化循环水等养殖技术。到 2022 年,建设一批畜牧节水示范工程。

7. 加快推进农村生活节水。在实施农村集中供水、污水处理工程和保障饮用水安全基础上,加强农村生活用水设施改造,在有条件的地区推动计量收费。加快村镇生活供水设施及配套管网建设与改造。推进农村"厕所革命",推广使用节水器具,创造良好节水条件。

(三)工业节水减排

8. 大力推进工业节水改造。完善供用水计量体系和在线监测系统,强化生产用水管理。大力推广高效冷却、洗涤、循环用水、废污水再生利用、高耗水生产工艺替代等节水工艺和技术。支持企业开展节水技术改造及再生水回用改造,重点企业要定期开展水平衡测试、用水审计及水效对标。对超过取水定额标准的企业分类分步限期实施节水改造。到 2020 年,水资源超载地区年用水量 1 万 m^3 及以上的工业企业用水计划管理实现全覆盖。

9. 推动高耗水行业节水增效。实施节水管理和改造升级,采用差别水价以及树立节水标杆等措施,促进高耗水企业加强废水深度处理和达标再利用。严格落实主体功能区规划,在生态脆弱、严重缺水和地下水超采地区,严格控制高耗水新建、改建、扩建项目,推进高耗水企业向水资源条件允许的工业园区集中。对采用列入淘汰目录工艺、技术和装备的项目,不予批准取水许可;未按期淘汰的,有关部门和地方政府要依法严格查处。到 2022 年,在火力发电、钢铁、纺织、造纸、石化和化工、食品和发酵等高耗水行业建成一批节水型企业。

10. 积极推行水循环梯级利用。推进现有企业和园区开展以节水为重点内容的绿色高质量转型升级和循环化改造,加快节水及水循环利用设施建设,促进企业间串联用水、分质用水,一水多用和循环利用。新建企业和园区要在规划布局时,统筹供排水、水处理及循环利用设施建设,推动企业间的用水系统集成优化。到 2022 年,创建 100 家节水标杆企业、50 家节水标杆园区。

(四)城镇节水降损

11. 全面推进节水型城市建设。提高城市节水工作系统性,将节水落实到城市规划、建设、管理各环节,实现优水优用、循环循序利用。落实城市节水各项基础管理制度,推进城镇节水改造;结合海绵城市建设,提高雨水资源利用水平;重点抓好污水再生利用设施建设与改造,城市生态景观、工业生产、城市绿化、道路清扫、车辆冲洗和建筑施工等,应当优先使用再生水,提升再生水利用水平,鼓励构建城镇良性水循环系统。到 2020 年,地级及以上缺水城市全部达到国家节水型城市标准。

12. 大幅降低供水管网漏损。加快制定和实施供水管网改造建设实施方案,完善供水管网检漏制度。加强公共供水系统运行监督管理,推进城镇供水管网分区计量管理,建立精细化管理平台和漏损管控体系,协同推进二次供水设施改造和专业化管理。重点推动东北等管网高漏损地区的节水改造。到 2020 年,在 100 个城市开展城市供水管网分区计量管理。

13. 深入开展公共领域节水。缺水城市园林绿化宜选用适合本地区的节水耐旱型植被,采用喷灌、微灌等节水灌溉方式。公共机构要开展供水管网、绿化浇灌系统等节水诊断,推广应用节水新技术、新工艺和新产品,提高节水器具使用率。大力推广绿色建筑,新建公共建筑必须安装节水器具。推动城镇居民家庭节水,普及推广节水型用水器具。到 2022 年,中央国家机关及其所属在京公共机构、省直机关及 50%以上的省属事业单位建成节水型单位,建成一批具有典型示范意义的节水型高校。

14. 严控高耗水服务业用水。从严控制洗浴、洗车、高尔夫球场、人工滑雪场、洗涤、宾馆等行业用水定额。洗车、高尔夫球场、人工滑雪场等特种行业积极推广循环用水技术、设备与工艺,优先利用再生水、雨水等非常规水源。

(五)重点地区节水开源

15. 在超采地区削减地下水开采量。以华北地区为重点,加快推进地下水超采区综合治理。加快实施新型窖池高效集雨。严格机电井管理,限期关闭未经批准和公共供水管网覆盖范围内的自备水井。完善地下水监测网络,超采区内禁止工农业及服务业新增取用地下水。采取强化节水、置换水源、禁采限采、关井压田等措施,压减地下水开采量。到 2022 年,京津冀地区城镇力争全面实现采补平衡。

16. 在缺水地区加强非常规水利用。加强再生水、海水、雨水、矿井水和苦咸水等非常规水多元、梯级和安全利用。强制推动非常规水纳入水资源统一配置,逐年提高非常规水利用比例,并严格考核。统筹利用好再生水、雨水、微咸水等用于农业灌溉和生态景观。新建小区、城市道路、公共绿地等因地制宜配套建设雨水集蓄利用设施。严禁盲目扩大景观、娱乐水域面积,生态用水优先使用非常规水,具备使用非常规水条件但未充分利用的建设项目不得批准其新增取水许可。到 2020 年,缺水城市再生水利用率达到 20%以上。到 2022 年,缺水城市非常规水利用占比平均提高 2 个百分点。

17. 在沿海地区充分利用海水。高耗水行业和工业园区用水要优先利用海水,在离岸有居民海岛实施海水淡化工程。加大海水淡化工程自主技术和装备的推广应用,逐步提高装备国产化率。沿海严重缺水城市可将海水淡化水作为市政新增供水及应急备用的重要水源。

(六)科技创新引领

18. 加快关键技术装备研发。推动节水技术与工艺创新,瞄准世界先进技术,加大节水产品和技术研发,加强大数据、人工智能、区块链等新一代信息技术与节水技术、管理及产品的深度融合。重点支持用水精准计量、水资源高效循环利用、精准节水灌溉控制、管网漏损监测智能化、非常规水利用等先进技术及适用设备研发。

19. 促进节水技术转化推广。建立"政产学研用"深度融合的节水技术创新体系,加快节水科技成果转化,推进节水技术、产品、设备使用示范基地、国家海水利用创新示范

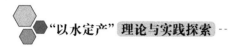

基地和节水型社会创新试点建设。鼓励通过信息化手段推广节水产品和技术,拓展节水科技成果及先进节水技术工艺推广渠道,逐步推动节水技术成果市场化。

20. 推动技术成果产业化。鼓励企业加大节水装备及产品研发、设计和生产投入,降低节水技术工艺与装备产品成本,提高节水装备与产品质量,提升中高端品牌的差异化竞争力,构建节水装备及产品的多元化供给体系。发展具有竞争力的第三方节水服务企业,提供社会化、专业化、规范化节水服务,培育节水产业。到 2022 年,培育一批技术水平高、带动能力强的节水服务企业。

四、深化体制机制改革

(一)政策制度推动

1. 全面深化水价改革。深入推进农业水价综合改革,同步建立农业用水精准补贴。建立健全充分反映供水成本、激励提升供水质量、促进节约用水的城镇供水价格形成机制和动态调整机制,适时完善居民阶梯水价制度,全面推行城镇非居民用水超定额累进加价制度,进一步拉大特种用水与非居民用水的价差。

2. 推动水资源税改革。与水价改革协同推进,探索建立合理的水资源税制度体系,及时总结评估水资源税扩大试点改革经验,科学设置差别化税率体系,加大水资源税改革力度,发挥促进水资源节约的调节作用。

3. 加强用水计量统计。推进取用水计量统计,提高农业灌溉、工业和市政用水计量率。完善农业用水计量设施,配备工业及服务业取用水计量器具,全面实施城镇居民"一户一表"改造。建立节水统计调查和基层用水统计管理制度,加强对农业、工业、生活、生态环境补水四类用水户涉水信息管理。对全国规模以上工业企业用水情况进行统计监测。到 2022 年,大中型灌区渠首和干支渠口门实现取水计量。

4. 强化节水监督管理。严格实行计划用水监督管理。对重点地区、领域、行业、产品进行专项监督检查。实行用水报告制度,鼓励年用水总量超过 10 万 m³ 的企业或园区设立水务经理。建立倒逼机制,将用水户违规记录纳入全国统一的信用信息共享平台。到 2020 年,建立国家、省、市三级重点监控用水单位名录。到 2022 年,将年用水量 50 万 m³ 以上的工业和服务业用水单位全部纳入重点监控用水单位名录。

5. 健全节水标准体系。加快农业、工业、城镇以及非常规水利用等各方面节水标准制修订工作。建立健全国家和省级用水定额标准体系。逐步建立节水标准实时跟踪、评估和监督机制。到 2022 年,节水标准达到 200 项以上,基本覆盖取水定额、节水型公共机构、节水型企业、产品水效、水利用与处理设备、非常规水利用、水回用等方面。

(二)市场机制创新

6. 推进水权水市场改革。推进水资源使用权确权,明确行政区域取用水权益,科学核定取用水户许可水量。探索流域内、地区间、行业间、用水户间等多种形式的水权交易。在满足自身用水情况下,对节约出的水量进行有偿转让。建立农业水权制度。对用水总量达到或超过区域总量控制指标或江河水量分配指标的地区,可通过水权交易解决新增用水需求。加强水权交易监管,规范交易平台建设和运营。

7. 推行水效标识建设。对节水潜力大、适用面广的用水产品施行水效标识管理。开展产品水效检测,确定水效等级,分批发布产品水效标识实施规则,强化市场监督管理,加大专项检查抽查力度,逐步淘汰水效等级较低产品。到 2022 年,基本建立坐便器、水嘴、淋浴器等生活用水产品水效标识制度,并扩展到农业、工业和商用设备等领域。

8. 推动合同节水管理。创新节水服务模式,建立节水装备及产品的质量评级和市场准入制度,完善工业水循环利用设施、集中建筑中水设施委托运营服务机制,在公共机构、公共建筑、高耗水工业、高耗水服务业、农业灌溉、供水管网漏损控制等领域,引导和推动合同节水管理。开展节水设计、改造、计量和咨询等服务,提供整体解决方案。拓展投融资渠道,整合市场资源要素,为节水改造和管理提供服务。

9. 实施水效领跑和节水认证。在用水产品、用水企业、灌区、公共机构和节水型城市开展水效领跑者引领行动。制定水效领跑者指标,发布水效领跑者名单,树立节水先进标杆,鼓励开展水效对标达标活动。持续推动节水认证工作,促进节水产品认证逐步向绿色产品认证过渡,完善相关认证结果采信机制。到 2022 年,遴选出 50 家水效领跑者工业企业、50 个水效领跑者用水产品型号、20 个水效领跑者灌区以及一批水效领跑者公共机构和水效领跑者城市。

五、保障措施

(一)加强组织领导

加强党对节水工作的领导,统筹推动节水工作。国务院有关部门按照职责分工做好相关节水工作。水利部牵头,会同发展改革委、住房城乡建设部、农业农村部等部门建立节约用水工作部际协调机制,协调解决节水工作中的重大问题。地方各级党委和政府对本辖区节水工作负总责,制定节水行动实施方案,确保节水行动各项任务完成。

(二)推动法治建设

完善节水法律法规,规范全社会用水行为。开展节约用水立法前期研究。加快制订和出台节约用水条例,到 2020 年力争颁布施行。各省(自治区、直辖市)要加快制定地方性法规,完善节水管理。

(三)完善财税政策

积极发挥财政职能作用,重点支持农业节水灌溉、地下水超采区综合治理、水资源

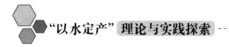

节约保护、城市供水管网漏损控制、节水标准制修定、节水宣传教育等。完善助力节水产业发展的价格、投资等政策,落实节水税收优惠政策,充分发挥相关税收优惠政策对节水技术研发、企业节水、水资源保护和再利用等方面的支持作用。

(四)拓展融资模式

完善金融和社会资本进入节水领域的相关政策,积极发挥银行等金融机构作用,依法合规支持节水工程建设、节水技术改造、非常规水源利用等项目。采用直接投资、投资补助、运营补贴等方式,规范支持政府和社会资本合作项目,鼓励和引导社会资本参与有一定收益的节水项目建设和运营。鼓励金融机构对符合贷款条件的节水项目优先给予支持。

(五)提升节水意识

加强国情水情教育,逐步将节水纳入国家宣传、国民素质教育和中小学教育活动,向全民普及节水知识。加强高校节水相关专业人才培养。开展世界水日、中国水周、全国城市节水宣传周等形式多样的主题宣传活动,倡导简约适度的消费模式,提高全民节水意识。鼓励各相关领域开展节水型社会、节水型单位等创建活动。

(六)开展国际合作

建立交流合作机制,推进国家间、城市间、企业和社团间节水合作与交流。对标国际节水先进水平,加强节水政策、管理、装备和产品制造、技术研发应用、水效标准标识及节水认证结果互认等方面的合作,开展节水项目国际合作示范。

关于制定国民经济和社会发展第十三个五年规划的建议
(部分摘录)

五、坚持绿色发展,着力改善生态环境

(四)全面节约和高效利用资源

坚持节约优先,树立节约集约循环利用的资源观。

强化约束性指标管理,实行能源和水资源消耗、建设用地等总量和强度双控行动。实施全民节能行动计划,提高节能、节水、节地、节材、节矿标准,开展能效、水效领跑者引领行动。

实行最严格的水资源管理制度,以水定产、以水定城,建设节水型社会。合理制定水价,编制节水规划,实施雨洪资源利用、再生水利用、海水淡化工程,建设国家地下水监测系统,开展地下水超采区综合治理。坚持最严格的节约用地制度,调整建设用地结构,降

低工业用地比例,推进城镇低效用地再开发和工矿废弃地复垦,严格控制农村集体建设用地规模。探索实行耕地轮作休耕制度试点。

建立健全用能权、用水权、排污权、碳排放权初始分配制度,创新有偿使用、预算管理、投融资机制,培育和发展交易市场。推行合同能源管理和合同节水管理。

倡导合理消费,力戒奢侈浪费,制止奢靡之风。在生产、流通、仓储、消费各环节落实全面节约。管住公款消费,深入开展反过度包装、反食品浪费、反过度消费行动,推动形成勤俭节约的社会风尚。

(五)加大环境治理力度

以提高环境质量为核心,实行最严格的环境保护制度,形成政府、企业、公众共治的环境治理体系。

推进多污染物综合防治和环境治理,实行联防联控和流域共治,深入实施大气、水、土壤污染防治行动计划。实施工业污染源全面达标排放计划,实现城镇生活污水垃圾处理设施全覆盖和稳定运行。扩大污染物总量控制范围,将细颗粒物等环境质量指标列入约束性指标。坚持城乡环境治理并重,加大农业面源污染防治力度,统筹农村饮水安全、改水改厕、垃圾处理,推进种养业废弃物资源化利用、无害化处置。

改革环境治理基础制度,建立覆盖所有固定污染源的企业排放许可制,实行省以下环保机构监测监察执法垂直管理制度。建立全国统一的实时在线环境监控系统。健全环境信息公布制度。探索建立跨地区环保机构。开展环保督察巡视,严格环保执法。

(六)筑牢生态安全屏障

坚持保护优先、自然恢复为主,实施山水林田湖生态保护和修复工程,构建生态廊道和生物多样性保护网络,全面提升森林、河湖、湿地、草原、海洋等自然生态系统稳定性和生态服务功能。

开展大规模国土绿化行动,加强林业重点工程建设,完善天然林保护制度,全面停止天然林商业性采伐,增加森林面积和蓄积量。发挥国有林区林场在绿化国土中的带动作用。扩大退耕还林还草,加强草原保护。严禁移植天然大树进城。创新产权模式,引导各方面资金投入植树造林。

加强水生态保护,系统整治江河流域,连通江河湖库水系,开展退耕还湿、退养还滩。推进荒漠化、石漠化、水土流失综合治理。强化江河源头和水源涵养区生态保护。开展蓝色海湾整治行动。加强地质灾害防治。

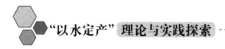

关于全面开展国土空间规划工作的通知

各省、自治区、直辖市自然资源主管部门，新疆生产建设兵团自然资源主管部门：

为贯彻落实《中共中央 国务院关于建立国土空间规划体系并监督实施的若干意见》（以下简称《若干意见》），全面启动国土空间规划编制审批和实施管理工作，现将有关事项通知如下：

一、全面启动国土空间规划编制，实现"多规合一"

各级自然资源主管部门要将思想和行动统一到党中央的决策部署上来，按照《若干意见》要求，主动履职尽责，建立"多规合一"的国土空间规划体系并监督实施。按照自上而下、上下联动、压茬推进的原则，抓紧启动编制全国、省级、市县和乡镇国土空间规划（规划期至 2035 年，展望至 2050 年），尽快形成规划成果。部将印发国土空间规划编制规程、相关技术标准，明确规划编制的工作要求、主要内容和完成时限。

各地不再新编和报批主体功能区规划、土地利用总体规划、城镇体系规划、城市（镇）总体规划、海洋功能区划等。已批准的规划期至 2020 年后的省级国土规划、城镇体系规划、主体功能区规划，城市（镇）总体规划，以及原省级空间规划试点和市县"多规合一"试点等，要按照新的规划编制要求，将既有规划成果融入新编制的同级国土空间规划中。

二、做好过渡期内现有空间规划的衔接协同

对现行土地利用总体规划、城市（镇）总体规划实施中存在矛盾的图斑，要结合国土空间基础信息平台的建设，按照国土空间规划"一张图"要求，作一致性处理，作为国土空间用途管制的基础。一致性处理不得突破土地利用总体规划确定的 2020 年建设用地和耕地保有量等约束性指标，不得突破生态保护红线和永久基本农田保护红线，不得突破土地利用总体规划和城市（镇）总体规划确定的禁止建设区和强制性内容，不得与新的国土空间规划管理要求矛盾冲突。今后工作中，主体功能区规划、土地利用总体规划、城乡规划、海洋功能区划等统称为"国土空间规划"。

三、明确国土空间规划报批审查的要点

按照"管什么就批什么"的原则，对省级和市县国土空间规划，侧重控制性审查，重点审查目标定位、底线约束、控制性指标、相邻关系等，并对规划程序和报批成果形式做合规性审查。其中：

省级国土空间规划审查要点包括：①国土空间开发保护目标；②国土空间开发强

度、建设用地规模,生态保护红线控制面积、自然岸线保有率,耕地保有量及永久基本农田保护面积,用水总量和强度控制等指标的分解下达;③主体功能区划分,城镇开发边界、生态保护红线、永久基本农田的协调落实情况;④城镇体系布局,城市群、都市圈等区域协调重点地区的空间结构;⑤生态屏障、生态廊道和生态系统保护格局,重大基础设施网络布局,城乡公共服务设施配置要求;⑥体现地方特色的自然保护地体系和历史文化保护体系;⑦乡村空间布局,促进乡村振兴的原则和要求;⑧保障规划实施的政策措施;⑨对市县级规划的指导和约束要求等。

国务院审批的市级国土空间总体规划审查要点,除对省级国土空间规划审查要点的深化细化外,还包括:①市域国土空间规划分区和用途管制规则;②重大交通枢纽、重要线性工程网络、城市安全与综合防灾体系、地下空间、邻避设施等设施布局,城镇政策性住房和教育、卫生、养老、文化体育等城乡公共服务设施布局原则和标准;③城镇开发边界内,城市结构性绿地、水体等开敞空间的控制范围和均衡分布要求,各类历史文化遗存的保护范围和要求,通风廊道的格局和控制要求;城镇开发强度分区及容积率、密度等控制指标,高度、风貌等空间形态控制要求;④中心城区城市功能布局和用地结构等。

其他市、县、乡镇级国土空间规划的审查要点,由各省(自治区、直辖市)根据本地实际,参照上述审查要点制定。

四、改进规划报批审查方式

简化报批流程,取消规划大纲报批环节。压缩审查时间,省级国土空间规划和国务院审批的市级国土空间总体规划,自审批机关交办之日起,一般应在90天内完成审查工作,上报国务院审批。各省(自治区、直辖市)也要简化审批流程和时限。

五、做好近期相关工作

做好规划编制基础工作。本次规划编制统一采用第三次全国国土调查数据作为规划现状底数和底图基础,统一采用2000国家大地坐标系和1985国家高程基准作为空间定位基础,各地要按此要求尽快形成现状底数和底图基础。

开展双评价工作。各地要尽快完成资源环境承载能力和国土空间开发适宜性评价工作,在此基础上,确定生态、农业、城镇等不同开发保护利用方式的适宜程度。

开展重大问题研究。要在对国土空间开发保护现状评估和未来风险评估的基础上,专题分析对本地区未来可持续发展具有重大影响的问题,积极开展国土空间规划前期研究。

科学评估三条控制线。结合主体功能区划分,科学评估既有生态保护红线、永久基

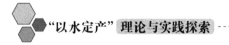

本农田、城镇开发边界等重要控制线划定情况,进行必要调整完善,并纳入规划成果。

各地要加强与正在编制的国民经济和社会发展五年规划的衔接,落实经济、社会、产业等发展目标和指标,为国家发展规划落地实施提供空间保障,促进经济社会发展格局、城镇空间布局、产业结构调整与资源环境承载能力相适应。

集中力量编制好"多规合一"的实用性村庄规划。结合县和乡镇级国土空间规划编制,通盘考虑农村土地利用、产业发展、居民点布局、人居环境整治、生态保护和历史文化传承等,落实乡村振兴战略,优化村庄布局,编制"多规合一"的实用性村庄规划,有条件、有需求的村庄应编尽编。

同步构建国土空间规划"一张图"实施监督信息系统。基于国土空间基础信息平台,整合各类空间关联数据,着手搭建从国家到市县级的国土空间规划"一张图"实施监督信息系统,形成覆盖全国、动态更新、权威统一的国土空间规划"一张图"。

各级自然资源部门要按照《若干意见》和本通知精神,结合本地区实际制定落实方案,把建立国土空间规划体系并监督实施作为当前工作的重中之重,抓紧、抓实、抓好。

促进产业结构调整暂行规定
(部分摘录)

第一章　总　则

第一条　为全面落实科学发展观,加强和改善宏观调控,引导社会投资,促进产业结构优化升级,根据国家有关法律、行政法规,制定本规定。

第二条　产业结构调整的目标:

推进产业结构优化升级,促进一、二、三产业健康协调发展,逐步形成农业为基础、高新技术产业为先导、基础产业和制造业为支撑、服务业全面发展的产业格局,坚持节约发展、清洁发展、安全发展,实现可持续发展。

第三条　产业结构调整的原则:

坚持市场调节和政府引导相结合。充分发挥市场配置资源的基础性作用,加强国家产业政策的合理引导,实现资源优化配置。

以自主创新提升产业技术水平。把增强自主创新能力作为调整产业结构的中心环节,建立以企业为主体、市场为导向、产学研相结合的技术创新体系,大力提高原始创新能力、集成创新能力和引进消化吸收再创新能力,提升产业整体技术水平。

坚持走新型工业化道路。以信息化带动工业化,以工业化促进信息化,走科技含量高、经济效益好、资源消耗低、环境污染少、安全有保障、人力资源优势得到充分发挥的发展道路,努力推进经济增长方式的根本转变。

促进产业协调健康发展。发展先进制造业,提高服务业比重和水平,加强基础设施建设,优化城乡区域产业结构和布局,优化对外贸易和利用外资结构,维护群众合法权益,努力扩大就业,推进经济社会协调发展。

第二章 产业结构调整的方向和重点

第四条 巩固和加强农业基础地位,加快传统农业向现代农业转变。加快农业科技进步,加强农业设施建设,调整农业生产结构,转变农业增长方式,提高农业综合生产能力。稳定发展粮食生产,加快实施优质粮食产业工程,建设大型商品粮生产基地,确保粮食安全。优化农业生产布局,推进农业产业化经营,加快农业标准化,促进农产品加工转化增值,发展高产、优质、高效、生态、安全农业。大力发展畜牧业,提高规模化、集约化、标准化水平,保护天然草场,建设饲料草场基地。积极发展水产业,保护和合理利用渔业资源,推广绿色渔业养殖方式,发展高效生态养殖业。因地制宜发展原料林、用材林基地,提高木材综合利用率。加强农田水利建设,改造中低产田,搞好土地整理。提高农业机械化水平,健全农业技术推广、农产品市场、农产品质量安全和动植物病虫害防控体系。积极推行节水灌溉,科学使用肥料、农药,促进农业可持续发展。

第五条 加强能源、交通、水利和信息等基础设施建设,增强对经济社会发展的保障能力。

坚持节约优先、立足国内、煤为基础、多元发展,优化能源结构,构筑稳定、经济、清洁的能源供应体系。以大型高效机组为重点优化发展煤电,在生态保护基础上有序开发水电,积极发展核电,加强电网建设,优化电网结构,扩大西电东送规模。建设大型煤炭基地,调整改造中小煤矿,坚决淘汰不具备安全生产条件和浪费破坏资源的小煤矿,加快实施煤矸石、煤层气、矿井水等资源综合利用,鼓励煤电联营。实行油气并举,加大石油、天然气资源勘探和开发利用力度,扩大境外合作开发,加快油气领域基础设施建设。积极扶持和发展新能源和可再生能源产业,鼓励石油替代资源和清洁能源的开发利用,积极推进洁净煤技术产业化,加快发展风能、太阳能、生物质能等。

以扩大网络为重点,形成便捷、通畅、高效、安全的综合交通运输体系。坚持统筹规划、合理布局,实现铁路、公路、水运、民航、管道等运输方式优势互补,相互衔接,发挥组合效率和整体优势。加快发展铁路、城市轨道交通,重点建设客运专线、运煤通道、区域通道和西部地区铁路。完善国道主干线、西部地区公路干线,建设国家高速公路网,大力推进农村公路建设。优先发展城市公共交通。加强集装箱、能源物资、矿石深水码头建设,发展内河航运。扩充大型机场,完善中型机场,增加小型机场,构建布局合理、规模适当、功能完备、协调发展的机场体系。加强管道运输建设。

加强水利建设,优化水资源配置。统筹上下游、地表地下水资源调配,控制地下水开采,积极开展海水淡化。加强防洪抗旱工程建设,以堤防加固和控制性水利枢纽等防洪体系为重点,强化防洪减灾薄弱环节建设,继续加强大江大河干流堤防、行蓄洪区、病险水库除险加固和城市防洪骨干工程建设,建设南水北调工程。加大人畜饮水工程和灌区配套工程建设改造力度。

加强宽带通信网、数字电视网和下一代互联网等信息基础设施建设,推进"三网融合",健全信息安全保障体系。

第六条 以振兴装备制造业为重点发展先进制造业,发挥其对经济发展的重要支撑作用。

装备制造业要依托重点建设工程,通过自主创新、引进技术、合作开发、联合制造等方式,提高重大技术装备国产化水平,特别是在高效清洁发电和输变电、大型石油化工、先进适用运输装备、高档数控机床、自动化控制、集成电路设备、先进动力装备、节能降耗装备等领域实现突破,提高研发设计、核心元器件配套、加工制造和系统集成的整体水平。

坚持以信息化带动工业化,鼓励运用高技术和先进适用技术改造提升制造业,提高自主知识产权、自主品牌和高端产品比重。根据能源、资源条件和环境容量,着力调整原材料工业的产品结构、企业组织结构和产业布局,提高产品质量和技术含量。支持发展冷轧薄板、冷轧硅钢片、高浓度磷肥、高效低毒低残留农药、乙烯、精细化工、高性能差别化纤维。促进炼油、乙烯、钢铁、水泥、造纸向基地化和大型化发展。加强铁、铜、铝等重要资源的地质勘查,增加资源地质储量,实行合理开采和综合利用。

第七条 加快发展高技术产业,进一步增强高技术产业对经济增长的带动作用。

增强自主创新能力,努力掌握核心技术和关键技术,大力开发对经济社会发展具有重大带动作用的高新技术,支持开发重大产业技术,制定重要技术标准,构建自主创新的技术基础,加快高技术产业从加工装配为主向自主研发制造延伸。按照产业聚集、规模化发展和扩大国际合作的要求,大力发展信息、生物、新材料、新能源、航空航天等产业,培育更多新的经济增长点。优先发展信息产业,大力发展集成电路、软件等核心产业,重点培育数字化音视频、新一代移动通信、高性能计算机及网络设备等信息产业群,加强信息资源开发和共享,推进信息技术的普及和应用。充分发挥我国特有的资源优势和技术优势,重点发展生物农业、生物医药、生物能源和生物化工等生物产业。加快发展民用航空、航天产业,推进民用飞机、航空发动机及机载系统的开发和产业化,进一步发展民用航天技术和卫星技术。积极发展新材料产业,支持开发具有技术特色以及可发挥我国比较优势的光电子材料、高性能结构和新型特种功能材料等产品。

第八条 提高服务业比重,优化服务业结构,促进服务业全面快速发展。坚持市场化、产业化、社会化的方向,加强分类指导和有效监管,进一步创新、完善服务业发展的体制和机制,建立公开、平等、规范的行业准入制度。发展竞争力较强的大型服务企业集团,大城市要把发展服务业放在优先地位,有条件的要逐步形成服务经济为主的产业结构。增加服务品种,提高服务水平,增强就业能力,提升产业素质。大力发展金融、保险、物流、信息和法律服务、会计、知识产权、技术、设计、咨询服务等现代服务业,积极发展文化、旅游、社区服务等需求潜力大的产业,加快教育培训、养老服务、医疗保健等领域的改革和发展。规范和提升商贸、餐饮、住宿等传统服务业,推进连锁经营、特许经营、代理制、多式联运、电子商务等组织形式和服务方式。

第九条　大力发展循环经济,建设资源节约和环境友好型社会,实现经济增长与人口资源环境相协调。坚持开发与节约并重、节约优先的方针,按照减量化、再利用、资源化原则,大力推进节能节水节地节材,加强资源综合利用,全面推行清洁生产,完善再生资源回收利用体系,形成低投入、低消耗、低排放和高效率的节约型增长方式。积极开发推广资源节约、替代和循环利用技术和产品,重点推进钢铁、有色、电力、石化、建筑、煤炭、建材、造纸等行业节能降耗技术改造,发展节能省地型建筑,对消耗高、污染重、危及安全生产、技术落后的工艺和产品实施强制淘汰制度,依法关闭破坏环境和不具备安全生产条件的企业。调整高耗能、高污染产业规模,降低高耗能、高污染产业比重。鼓励生产和使用节约性能好的各类消费品,形成节约资源的消费模式。大力发展环保产业,以控制不合理的资源开发为重点,强化对水资源、土地、森林、草原、海洋等的生态保护。

第十条　优化产业组织结构,调整区域产业布局。提高企业规模经济水平和产业集中度,加快大型企业发展,形成一批拥有自主知识产权、主业突出、核心竞争力强的大公司和企业集团。充分发挥中小企业的作用,推动中小企业与大企业形成分工协作关系,提高生产专业化水平,促进中小企业技术进步和产业升级。充分发挥比较优势,积极推动生产要素合理流动和配置,引导产业集群化发展。西部地区要加强基础设施建设和生态环境保护,健全公共服务,结合本地资源优势发展特色产业,增强自我发展能力。东北地区要加快产业结构调整和国有企业改革改组改造,发展现代农业,着力振兴装备制造业,促进资源枯竭型城市转型。中部地区要抓好粮食主产区建设,发展有比较优势的能源和制造业,加强基础设施建设,加快建立现代市场体系。东部地区要努力提高自主创新能力,加快实现结构优化升级和增长方式转变,提高外向型经济水平,增强国际竞争力和可持续发展能力。从区域发展的总体战略布局出发,根据资源环境承载能力和发展潜力,实行优化开发、重点开发、限制开发和禁止开发等有区别的区域产业布局。

第十一条　实施互利共赢的开放战略,提高对外开放水平,促进国内产业结构升级。加快转变对外贸易增长方式,扩大具有自主知识产权、自主品牌的商品出口,控制高能耗高污染产品的出口,鼓励进口先进技术设备和国内短缺资源。支持有条件的企业"走出去",在国际市场竞争中发展壮大,带动国内产业发展。提高加工贸易的产业层次,增强国内配套能力。大力发展服务贸易,继续开放服务市场,有序承接国际现代服务业

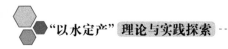

转移。提高利用外资的质量和水平,着重引进先进技术、管理经验和高素质人才,注重引进技术的消化吸收和创新提高。吸引外资能力较强的地区和开发区,要着重提高生产制造层次,并积极向研究开发、现代物流等领域拓展。

第三章 产业结构调整指导目录

第十二条 《产业结构调整指导目录》是引导投资方向,政府管理投资项目,制定和实施财税、信贷、土地、进出口等政策的重要依据。

《产业结构调整指导目录》由发展改革委会同国务院有关部门依据国家有关法律法规制订,经国务院批准后公布。根据实际情况,需要对《产业结构调整指导目录》进行部分调整时,由发展改革委会同国务院有关部门适时修订并公布。

《产业结构调整指导目录》原则上适用于我国境内的各类企业。其中外商投资按照《外商投资产业指导目录》执行。《产业结构调整指导目录》是修订《外商投资产业指导目录》的主要依据之一。《产业结构调整指导目录》淘汰类适用于外商投资企业。《产业结构调整指导目录》和《外商投资产业指导目录》执行中的政策衔接问题由发展改革委会同商务部研究协商。

第十三条 《产业结构调整指导目录》由鼓励、限制和淘汰三类目录组成。不属于鼓励类、限制类和淘汰类,且符合国家有关法律、法规和政策规定的,为允许类。允许类不列入《产业结构调整指导目录》。

第十四条 鼓励类主要是对经济社会发展有重要促进作用,有利于节约资源、保护环境、产业结构优化升级,需要采取政策措施予以鼓励和支持的关键技术、装备及产品。按照以下原则确定鼓励类产业指导目录:

(一)国内具备研究开发、产业化的技术基础,有利于技术创新,形成新的经济增长点;

(二)当前和今后一个时期有较大的市场需求,发展前景广阔,有利于提高短缺商品的供给能力,有利于开拓国内外市场;

(三)有较高技术含量,有利于促进产业技术进步,提高产业竞争力;

(四)符合可持续发展战略要求,有利于安全生产,有利于资源节约和综合利用,有利于新能源和可再生能源开发利用、提高能源效率,有利于保护和改善生态环境;

(五)有利于发挥我国比较优势,特别是中西部地区和东北地区等老工业基地的能源、矿产资源与劳动力资源等优势;

(六)有利于扩大就业,增加就业岗位;

(七)法律、行政法规规定的其他情形。

第十五条 限制类主要是工艺技术落后,不符合行业准入条件和有关规定,不利于产业结构优化升级,需要督促改造和禁止新建的生产能力、工艺技术、装备及产品。按照

以下原则确定限制类产业指导目录:

(一)不符合行业准入条件,工艺技术落后,对产业结构没有改善;

(二)不利于安全生产;

(三)不利于资源和能源节约;

(四)不利于环境保护和生态系统的恢复;

(五)低水平重复建设比较严重,生产能力明显过剩;

(六)法律、行政法规规定的其他情形。

第十六条 淘汰类主要是不符合有关法律法规规定,严重浪费资源、污染环境、不具备安全生产条件,需要淘汰的落后工艺技术、装备及产品。按照以下原则确定淘汰类产业指导目录:

(一)危及生产和人身安全,不具备安全生产条件;

(二)严重污染环境或严重破坏生态环境;

(三)产品质量低于国家规定或行业规定的最低标准;

(四)严重浪费资源、能源;

(五)法律、行政法规规定的其他情形。

第十七条 对鼓励类投资项目,按照国家有关投资管理规定进行审批、核准或备案;各金融机构应按照信贷原则提供信贷支持;在投资总额内进口的自用设备,除财政部发布的《国内投资项目不予免税的进口商品目录(2000年修订)》所列商品外,继续免征关税和进口环节增值税,在国家出台不予免税的投资项目目录等新规定后,按新规定执行。对鼓励类产业项目的其他优惠政策,按照国家有关规定执行。

第十八条 对属于限制类的新建项目,禁止投资。投资管理部门不予审批、核准或备案,各金融机构不得发放贷款,土地管理、城市规划和建设、环境保护、质检、消防、海关、工商等部门不得办理有关手续。凡违反规定进行投融资建设的,要追究有关单位和人员的责任。

对属于限制类的现有生产能力,允许企业在一定期限内采取措施改造升级,金融机构按信贷原则继续给予支持。国家有关部门要根据产业结构优化升级的要求,遵循优胜劣汰的原则,实行分类指导。

第十九条 对淘汰类项目,禁止投资。各金融机构应停止各种形式的授信支持,并采取措施收回已发放的贷款;各地区、各部门和有关企业要采取有力措施,按规定限期淘汰。在淘汰期限内国家价格主管部门可提高供电价格。对国家明令淘汰的生产工艺技术、装备和产品,一律不得进口、转移、生产、销售、使用和采用。

对不按期淘汰生产工艺技术、装备和产品的企业,地方各级人民政府及有关部门要依据国家有关法律法规责令其停产或予以关闭,并采取妥善措施安置企业人员、保全金

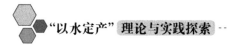

融机构信贷资产安全等;其产品属实行生产许可证管理的,有关部门要依法吊销生产许可证;工商行政管理部门要督促其依法办理变更登记或注销登记;环境保护管理部门要吊销其排污许可证;电力供应企业要依法停止供电。对违反规定者,要依法追究直接责任人和有关领导的责任。

第四章 附 则

第二十条 本规定自发布之日起施行。原国家计委、国家经贸委发布的《当前国家重点鼓励发展的产业、产品和技术目录(2000 年修订)》、原国家经贸委发布的《淘汰落后生产能力、工艺和产品的目录(第一批、第二批、第三批)》和《工商投资领域制止重复建设目录(第一批)》同时废止。

第二十一条 对依据《当前国家重点鼓励发展的产业、产品和技术目录(2000 年修订)》执行的有关优惠政策,调整为依据《产业结构调整指导目录》鼓励类目录执行。外商投资企业的设立及税收政策等执行国家有关外商投资的法律、行政法规规定。